希望歌德╳絕望卡夫卡的人生論

光與暗的名言對決，
讓我們在絕望中找到救贖，在希望中大步前行

歌德、卡夫卡——原作　**頭木弘樹**——日文編譯
緋華璃——譯

希望任誰都有。
不管發生任何事，
比起絕望，
當然還是抱持希望比較好。
畢竟未來會如何，誰也無法知曉。

——歌德

啊，世上充滿了希望，
充滿了多如繁星的希望。
——只是，沒有任何一個希望屬於我們。

——卡夫卡

前所未見的人生語錄×跨越時空的文豪對話

頭木弘樹

希望的歌德與絕望的卡夫卡

歌德與卡夫卡。

應該有很多人都聽過他們的名字吧。

可是，他們是什麼樣的人呢？了解的人恐怕並不多。

這兩位都是作家。

歌德的代表作《少年維特的煩惱》，是暢銷了兩百四十多年的戀愛小說。

卡夫卡的小說代表作《變形記》，則是一開頭就以「早上醒來，我發覺自己變成一隻蟲」，百餘年來始終讓讀者深受衝擊。

至於兩個人的模樣，在這本書的最後有他們的肖像，出生年份之類的基本資料也有記載。

不過，這個人說的「話」、做的「事」，才最能表現出他是什麼樣的人，對吧？

如同本書開頭引用的語錄，歌德是滿懷希望的人，卡夫卡是擁抱絕望的人。

換言之，歌德與卡夫卡宛如互為對照的光與影。

歌德與卡夫卡是如此地相似

然而，之所以將這兩人相提並論，並非是因為他們截然不同。

就像俗話常說的「雲泥之別」、「燕雀安知鴻鵠之志」，會讓人想拿來比較，無非是兩者有相似之處（水升天上化雲，水落地面變泥；燕雀與鴻鵠都是鳥類）。

歌德與卡夫卡其實有很多極為相似的地方。

兩人都是生在富裕家庭，但父親原本出身低微。

兩人都背負著父親的期待，也都和父親相處不睦。

兩人都在父親屬意下學習法律，本人卻更想鑽研文學，也都曾經想成為畫家。

兩人都有心愛的妹妹。
兩人都有作家以外的職業，在公家機關任職。
兩人都熱愛朗讀。
兩人都經常燒掉自己的原稿，同樣有很多未完成的作品。
兩人都曾經考慮過自殺，最後又打消念頭。
兩人每當戀愛時都會寫出傑作，戀愛等同是他們創造傑作的原動力。
歌德是十八世紀的代表作家，卡夫卡是二十世紀的代表作家。
對後世的作家們形成決定性的影響，也是兩人的共通點。

歌德與卡夫卡是如此地不同

但在另一方面，兩人卻又完全相反。
歌德從小到大養尊處優，性格中有著大少爺特有的爽朗。
卡夫卡同樣從小到大養尊處優，卻因此養成極端敏感、容易受傷的個性。
歌德長大後離鄉自立，卡夫卡始終無法脫離父母庇護的羽翼。

歌德強健結實，卡夫卡骨瘦如柴。

歌德食欲絕佳、酒量極好，卡夫卡是素食主義者，而且食量非常小。

歌德裝扮時尚，卡夫卡認為自己無論穿上再好的西裝，都會變得鬆垮、起縐。

歌德多才多藝，卡夫卡認為文學是自己唯一的天職，其他一概毫無意義。

同樣都在公家機關任職，歌德是一國的大臣，卡夫卡只是在半官方半民營的「勞工災害保險協會」工作的普通上班族。

歌德享受愛情，即使失戀也能豁達吟詩，七十四歲時仍愛上了十九歲的少女，情場縱橫的結果，共生了五個孩子（也有人說其實不止於此）。

另一方面，卡夫卡也曾和幾位女性相戀，但總是自尋煩惱，幾乎不曾享受過愛情，交往也幾乎只透過魚雁往返，極力避免見面，終生單身，既未娶妻、也沒有小孩。儘管，卡夫卡最大的心願是跟普通人一樣結婚生子。

歌德在二十五歲時寫下《少年維特的煩惱》，成為叫好又叫座的暢銷書，從此享譽文壇，無人能出其右。

另一方面，卡夫卡生前幾乎籍籍無名，就連他的作家朋友也說：「卡夫卡的作品從未跨越國境。」

如今兩人都是偉大的作家，歌德擁有「巨人歌德」、「大歌德」的美譽，作品被稱為「大文學」（主流文學；Major Literature）。另一方面，卡夫卡的作品則被稱為「小文學（少數文學；Minor Literature）」。

光明的歌德與黑暗的卡夫卡

歌德與卡夫卡最大的不同，就在於歌德滿懷希望，卡夫卡則擁抱絕望。

詩人海涅這樣讚美歌德：

「歌德就像恣意伸展枝椏直達天際，讓世界充滿了芳香的大樹，他的作品將結出黃金的果實，宛如無數星辰，在空中閃爍生輝。」

歌德本人也曾寫下「生命如黃金樹長青繁茂」這樣的句子。

另一方面，卡夫卡是這麼描寫自己的：

「我一直在絕望地徬徨……看來，我像被樹根絆倒了，永遠無法起身。」

就連他的情人米蓮娜也說：「法蘭茲無法生存。法蘭茲沒有生存的能力。」

歌德的希望與卡夫卡的絕望都很極端，極端到令人莞爾也是他們的共通點。

光與暗的名言對決！

有很多名言集是集結某個人說過的話。
也有很多名言集是集結很多人說過的話。
可是卻沒有名言集是對比兩個人說過的話。這真是不可思議。
正因為有黑夜，白晝才更加明亮；正因為有白晝，黑夜也才更加深邃。
正因為把對比的綠和紅共陳並列，才會營造出耶誕節的獨特氛圍。
把「瓶子裡還有半瓶酒」和「瓶子裡只剩半瓶酒」這兩個句子放在一起閱讀，更能突顯出各自的意義。
並非只知道「不入虎穴焉得虎子」或「君子不立於危牆之下」，而是同時理解這兩句話，才能做出屬於自己的判斷。
歌德與卡夫卡呈現出絕妙的明暗對比。
歌德的希望與卡夫卡的絕望在彼此的襯托下，應該會更加意味深長。
請務必細細吟味箇中的異同。

介於希望與絕望之間

我曾經編著《絕望名人卡夫卡的人生論》，這是一本充滿絕望名言的書。

在真正痛苦的時刻，積極的話語反而會加重負擔，絕望的話語才能成為救贖。市面上本來就有很多積極勵志的名言集，再加上這本書，就有明、暗兩面了。

然而，當我收到了一位「正努力掙扎著，從谷底往上爬升」的讀者寄來的信，才終於恍然大悟。

有像這樣從絕望中試圖抓住希望的人；也有正好相反，雖滿懷希望卻略感疲憊的人。這些游移於明暗之間的人，或許才是最多的。

可是市面上卻沒有這種「介於中間」的書。

只講述積極與消極的書，就像每一階都長達數公尺的樓梯，讓人無法輕鬆地爬上，也難以順利地走下。

要是有一本介於希望與絕望「之間」的書，我想應該也不錯吧。

歌德表達希望，卡夫卡吐露絕望，如此一來，每位讀者都能從這本書中發掘出打動自己的話語。

如果歌德與卡夫卡互相對話？

編著這本書的另一個原因，則是我單純覺得，歌德與卡夫卡如果互相對話，肯定會非常有趣。

歌德寫過一本書叫做《歌德對話錄》（談話的對象是他的秘書愛克爾曼）。卡夫卡也寫過一本書叫做《與卡夫卡對話》（談話的對象是青年亞努赫）。

這兩本都是開卷有益的好書，每當說起「對話錄」之類的作品，不是論及其中之一，就是兩本書都提到。那麼，倘若這兩人開始對話，又會迸出什麼火花？

歌德死於一八三二年，約五十年後的一八八三年，卡夫卡才出生，所以兩人在現實中不可能對話互動。

不過，歌德有一位作家好友席勒，性格與他正好相反，有點近似卡夫卡。

卡夫卡則是歌德的忠實讀者，中學畢業時的演說也以歌德為主題。他拜訪過歌德曾經的住處，歌德也常出現在他的日記及書信裡，臨死前，他還拜託當時陪在身邊的戀人為他朗讀歌德的詩。

卡夫卡的好友布羅德在書裡寫著：「卡夫卡對歌德的熱愛，終生未變。」

他們說的話，就是他們的人生

歌德有很多名言，多到有人不禁笑稱「歌德把所有的話都說完了。」卡夫卡也曾認真而非談笑地說過：「歌德幾乎道盡了我們生而為人的一切。」這樣的卡夫卡，也留下了許多名言。本書將兩人的名言以對話方式並列呈現，同時在解說中盡可能詳述兩人的生平。

歌德與卡夫卡說的話、發表的作品，甚至是經歷的人生，竟是如出一轍，相似得令人吃驚。

而兩人所說的話，絕非只是紙上談兵，而是他們的人生顯影。

歌德的希望名言和卡夫卡的絕望名言。

誰的話語更能打動人心，端看讀者當時的狀態而定。

歌德是一種極端，卡夫卡又是另一種極端。

我們多半都落在兩者之間，游移、擺盪著。

現在的你，會被哪一方的話語觸動呢？

歌德有一首詩是這樣寫的：
如果想要活得好，
不要獨自煩惱，
試著貼近名人的內心，
與名人一起迷惘，
肯定會受益良多。

Contents

對話 1

積極

Johann Wolfgang von Goethe

消極

Franz Kafka

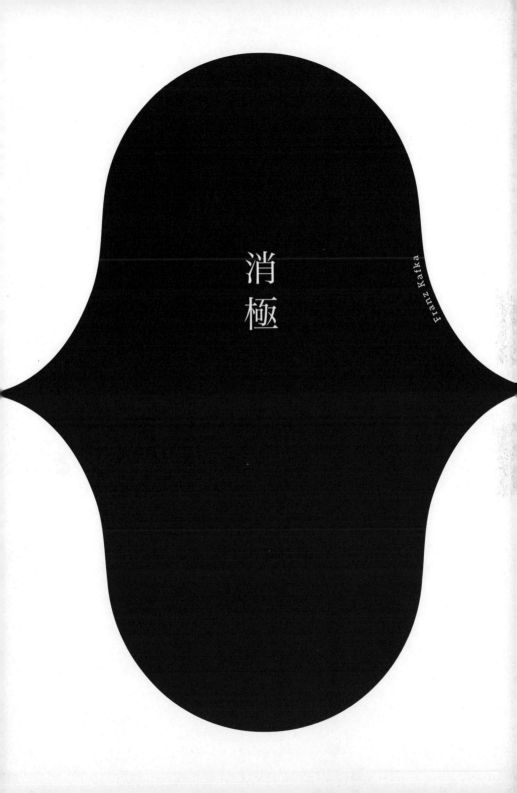

歌德——1

希望能助人

希望會幫助我們活下去。

——給夏洛特・馮・施泰因夫人的信

卡夫卡——1

希望被埋葬了

早晨的希望，在午後就被埋葬了。

——日記

希望能助人

歌德的第一部傳記電影《少年歌德的煩惱》二〇一〇年在德國拍攝時，製片摘要裡有一句話十分耐人尋味。

「歌德的生平爲何至今都沒有被拍成電影呢？他明明是世上最負盛名、最重要的文學家之一，至今卻沒有任何描寫他的電影。或許是因爲歌德出身富裕、長相俊美，在社會上也成就斐然，簡而言之就是全能的天才，讓人覺得就算拍成電影也很無趣吧。」

富有、相貌出衆，而且才華洋溢、社會地位崇高……確實缺乏拍成電影的要素。

不過，要說歌德的人生始終一帆風順，也不盡然。

其實他曾遭逢諸多困難、發生各種不幸，也經歷過大地震及戰爭。

但歌德依舊懷抱希望，積極向前。

正因如此，歌德的話語往往能深深觸動同樣一心往陽光普照之地邁進的人們。

這句話是出現在歌德寫給心愛女性的信中。她當時生病了，歌德也曾經徹夜哭泣，擔心可能會失去她，但仍努力振作起來，寫下了這封信。

「讀了這封信，你一定會好起來吧。」歌德滿懷希望地寫著。

她確實好起來了，而且活到八十四歲。

相對於歌德認爲希望會幫助人們活下去，卡夫卡則覺得希望本身直接被埋葬了……

卡夫卡曾經在小說裡這麼寫道：

「天氣很好，我想去散步，但只走了兩、三步，就來到墓地。」

或許大家會認爲，卡夫卡的人生應該是多舛不幸，他才會寫出這麼多絕望的字句，事實上並非如此。卡夫卡也沒有傳記電影，但原因跟歌德不同。卡夫卡的人生太平凡了，根本沒有什麼戲劇化的遭遇。他一輩子都是安穩平淡的上班族，大學畢業後就工作，獲得普通的成就、擁有平凡的戀情，然後生病、死去。

那麼，爲什麼卡夫卡會如此絕望？

安徒生童話中有個〈豌豆公主〉的故事，描寫公主睡在二十張床墊再加二十條柔軟的羽絨被上，仍因爲床墊下面有一顆豌豆，而疼痛得輾轉反側。

卡夫卡也一樣，他實在太敏感了，一般人在日常生活中不易察覺的痛苦，在他眼中簡直是世界末日。卡夫卡的戀人米蓮娜曾說：「卡夫卡能聽見其他人聽不到而自認安全的地方，所發出來的聲音。」

就像礦坑裡的金絲雀比任何人更早察覺到危險，卡夫卡則比任何人都先感到絕望。

正因爲卡夫卡的日子過得很平凡，他眼中的絕望也是每個人生命中都會有的絕望。

意識到那股絕望的人，都會對卡夫卡說的話深感共鳴。

歌德——2

好事正等著你

愈是失去希望的時候，一定會有好事發生。

——《歌德對話錄》

卡夫卡——2

未來只有驚濤駭浪

無論我如何改變方向，都會被驚濤駭浪吞噬。

——日記

歌德——2

好事正等著你

這句話簡直像是在安慰卡夫卡。

在這句話之前，歌德還說了另一句：「人類的本性，具有不可思議的力量。」

換句話說，會帶來好事的並非是神、命運或偶然的機遇，而是蘊藏在自己內心深處的力量。

這股力量，倒也不是那種因腎上腺素分泌而在火場中突然展現的蠻力，應該說是人走到絕境時，反而愈能激發意想不到的實力吧。

也可能是用心盡力到了足以失去希望的地步，才終於得到相應的結果。

實際上，歌德一生中有過不少這樣的際遇。

歌德也曾因工作不順、遭到信賴的人背叛、與戀人失和，差點喪失希望，不得不拋開一切，逃往義大利。

沒想到，幸運就在義大利等著他。當地的風景、藝術、文化都令歌德沉醉，深受啟發而積極創作，也充分享受了戀愛的甜蜜。

「踏上羅馬的那一刻，是我第二個生日，我在那一刻重生。」（《義大利遊記》）

未來只有驚濤駭浪

卡夫卡也曾說過：「路途中，每一站都有各自的絕望。」（日記）

無論如何改變方向都是絕望，即使進入人生的下一個階段，也會面臨新的絕望。

正因爲卡夫卡是這樣的人，當他寫信鼓勵因失敗而陷入絕望的朋友時，也完全起不了安慰的作用。

「失敗其實沒有什麼好絕望的。如果是走在正確的路上卻栽了跟頭，當然會感到絕望。然而，你不過是走在某一條路上而已。即使往第二、第三條路前進，也不見得就會找到正確的路。正確的路，或許永遠都不會出現。」（給朋友羅伯特・克洛普斯托克的信）

要是在人生路上跌了一跤，正爲此感到挫折，聽到「反正那條路也不是正確的路，所以不要緊，正確的路或許永遠都不會出現」這樣的安慰，肯定會更加沮喪吧。

這位朋友後來走向學醫之路，並在卡夫卡臨終時送他最後一程。

歌德——3

一切都會順利

何必對世間的一切憂心忡忡。
只要有一顆開朗且正直的心，
終究都會順利。

——〈格言詩〉

卡夫卡——3

只有我是例外

一切都優美而靜好，
只有我不得安寧。
上天非常公平。

——日記

歌德——3

一切都會順利

確實如歌德所言，有些人會過於杞人憂天，就像卡夫卡那樣。

據說，有人會事先在筆記本裡寫下「可能會發生這種壞事」的恐懼清單，之後再回頭確認這件事是否眞的發生，一旦發現這些恐懼幾乎不曾實現，就能意識到是自己過度憂慮。這個方法也用於心理治療，然而，憂慮成性的人常擔心「一旦寫下來，恐懼就會變成事實」，所以一開始就會抗拒，不敢寫這種清單。

至於歌德，卻能輕易地說出「只要有一顆開朗且正直的心，終究都會順利」。

只不過，大部分的人都很難擁有「開朗且正直的心」。

而歌德從義大利返回後，還眞的找回了他那顆開朗且正直的心。

當時，歌德認識了一位名叫克莉絲汀娜的年輕女性。克莉絲汀娜家境貧窮、身分低微，說話帶有鄉音，也沒太多學識，有一點豐腴，稱不上是美人，卻擁有一顆樸實又自然、開朗且正直的心。歌德還寫了一首詩，表達對她的愛戀：「這個女人才是我的幸福！如果這是鬼迷心竅，睿智的上帝啊，請可憐我，等我去了黃泉之國再讓我清醒過來！」

然而，當時階級制度嚴明，兩人的戀情不見容於世俗，也結不了婚。歌德爲此觸怒社交圈，飽受嫌惡，原本與他交情甚篤的人們離他而去，連摯友席勒對克莉絲汀娜也十分冷淡，歌德的母親甚至稱她是「床上的伴侶」（換成現在的說法就是所謂的炮友）。

但過了二十多年後，兩人終於修成正果，舉行了一場只有彼此參加的婚禮。

只有我是例外

卡夫卡從未怪罪外界，認爲是社會不好、或是別人的錯。這並非是基於「不該把錯推給世間或他人」的道德標準，而是他覺得一切錯在自己，因此永遠都在自責。

卡夫卡說過一句有點矛盾的話：「當你與世界對抗時，請與世界站在同一邊。」

無論這句話的眞意爲何，都很有卡夫卡的風格。

也因此，他才會感嘆明明「一切都優美而靜好」，卻「只有我不得安寧」。

一般人如果獨自面對狂風暴雨，多半會認爲是上天不公平，卡夫卡卻不這麼想，反而認爲「上天非常公平」。

舉例來說，卡夫卡還說過這樣的話。

卡夫卡在公家機關任職，而大部分的同事都認爲「我們總是受到不合理的對待，明明拚命工作，公司卻和因結構不良而胡亂運作的機械無異，基於愚昧的管理方式，安排錯誤的職位。憑我的能力應該可以爬上更高的位置，卻被迫當一顆基層的小螺絲釘。」

卡夫卡聽到這些抱怨，不禁在寫給戀人的信裡感嘆：「要是我也這麼想就好了！」

換言之，卡夫卡完全沒有這種想法，壓根兒不認爲自己「受到不合理的對待」。

卡夫卡在職場上的表現頗受肯定，他自己卻深信「總有一天衆人會發現，我其實是個無能的傢伙，無能到父母和世人都會瞠目結舌的程度」。

歌德——4

灰塵也會發光

太陽會發光，灰塵也會。

——《格言與反省》

卡夫卡——4

無法承受陽光

必須回到黑暗，
因爲我無法承受陽光。
陽光使我絕望。

——給米蓮娜的信

灰塵也會發光

「再給我一點光！」這是歌德最有名的一句話。

歌德熱愛熾熱的太陽及明亮的光線，也被稱爲「光之子」。尤其到了晚年，據說他都在早晨寫作。

「人生在世，都希望多見到陽光，哪怕只是多一分鐘。」（《少年維特的煩惱》）

「若問我『羨慕太陽嗎？』我會回答：『那當然。』因爲植物、動物和我們每一個人，都在太陽下生活、行動、存在著。」（《歌德對話錄》）

單純只是怕冷，也是歌德熱愛陽光的原因之一。他還說過：「若是能在冬天上吊自盡，直到春天再復活就好了。」

歌德的秘書愛克爾曼也在《歌德對話錄》中寫道：「過了冬至，期待著此後白天會愈來愈長，歌德的心情也昂揚了起來。早晨踏進他的房間，便見他興高采烈地衝著我大喊：『今天來慶祝太陽的重生吧！』」

當然，「太陽會發光，灰塵也會」是一種比喻，意指只要懷抱希望，所有的一切看起來都自帶光環，這也是歌德對太陽的頌讚。

歌德的作家好友席勒也說過類似的話：「只要太陽照耀，希望就會閃閃發光。」

只是歌德更加正向，認爲就連灰塵也會發光。卽使是與污垢或垃圾無異的東西，只要受到太陽照射，就能綻放出耀眼的光芒，更何況是人類，絕對會熠熠生輝。

然而，卡夫卡卻給出了這樣的答案——因爲難以承受陽光，所以無法熠熠生輝。他也幾乎都在半夜寫作，並非因爲他對陽光過敏，「無法承受陽光」也只是比喻。

卡夫卡在這封寫給戀人的信裡，將自己比喻爲森林中的動物，而且還不是可愛的動物，而是「蟄伏在某個骯髒的洞穴裡（當然，洞穴是因爲有我在才變得骯髒）」。只有見到米蓮娜，他才會忘我地走出洞穴，但隨卽又「記起自己的眞面目」，只能絕望地退回黑暗之中，還不能帶她同行，因爲「世上豈有屬於她的黑暗？」

這種動物或許是鼴鼠。卡夫卡經常將自己比喻爲鼴鼠，年輕時就寫下「要對鼴鼠這種生物表示敬意」。在他給好友布羅德的信上也寫到「我們都像鼴鼠在地底挖洞前進，弄得渾身髒黑，長出天鵝絨般的皮毛，鑽出崩塌的沙洞，舉起可憐兮兮的紅色小腳，尋求一絲憐憫。」

不只鼴鼠，卡夫卡總是被弱小的生物深深吸引。同學回憶學生時代的卡夫卡，提到他曾經看麻雀看得出神，甚至沒聽到老師叫他。

卡夫卡小說的主角也常是小動物。小說家伊利亞．卡內提稱這種寫作手法爲「卡夫卡的小動物變身」，而且全都是矮小、柔弱、溫馴無害的小動物。順帶一提，小說《變形記》中的蟲經常被翻譯成「毒蟲」，也有人以爲是蜈蚣之類有毒的蟲，但這其實是指「有毒父母」的那種「毒」，而不是「眞正有毒的蟲」。

希望前來拯救

從厚重雲層、茫茫迷霧、滂沱大雨中，
希望拯救出我們。

——詩作〈古言·奧菲斯的教誨〉

卡夫卡——5

援手未曾出現

救世主會來吧。在已經不需要祂的時候。

——八開筆記本

伸出的援手，還未行搭救卻又收手。

——對話手札

希望前來拯救

這首詩寫於一八一七年的秋天。前一年的六月六日，歌德的妻子克莉絲汀娜去世，當時歌德六十七歲，克莉絲汀娜五十一歲。

歌德痛哭失聲地哀嚎：「別丟下我！」並且在日記裡寫下「我的內心與外在，是一片空虛和死寂」。

一年後的六月十七日，歌德的獨生子奧古斯特娶了名叫奧蒂莉的女性爲妻，這樁婚事令歌德喜出望外。

奧蒂莉熱情好客、活潑開朗，也鍾愛文學，成了歌德的理想聽衆。原本因爲克莉絲汀娜去世而暮氣沉沉的歌德家，因此重新熱絡了起來，恢復往日的明朗景象。

歌德在那一年的秋天寫下這首詩，或許他當時的心情，就像是從厚重雲層、茫茫迷霧、滂沱大雨中，被拯救了出來。

隔年，奧蒂莉產下了男孩瓦爾特，一八二〇年，另一個男孩沃夫岡出生，一八二七年又有了女孩艾爾瑪。大名鼎鼎的歌德在三個孫兒面前，也只是個溺愛孫子，據說會陪他們玩到忘了時間的傻爺爺。

此外，奧蒂莉也照顧歌德直到他臨終之際。有人會說，歌德最後的遺言不是「再給我一點光！」而是對奧蒂莉說：「過來，我的女兒，握住我的手。」

援手未曾出現

「救世主會來吧。在已經不需要祂的時候。」這是卡夫卡在一九一七年十二月寫下的。這一年八月，他突然咳血，擔心自己罹患了結核病，因此向工作單位請了長假。隔月，妹妹奧特拉租了農家讓他休養，卡夫卡於是搬到名為「曲瑙」的小鎮。

或許各位會以為，「原來如此，所以他才會絕望地寫下這段話啊。」其實不然。卡夫卡當時還沒把生病的事看得太嚴重，反而因為能擺脫討厭的工作，投入他最喜歡的大自然，還能跟心愛的妹妹一起生活，感到前所未有的喜悅。

沐浴在陽光下，一起忙著田裡的工作，同時享用眾多原始自然的食材、喝大量的牛奶，讓原本骨瘦如柴的卡夫卡難得長胖了一點。

後來當他再度回顧這段歲月，甚至認為這是「生命中最美好的時刻」。

但即使是這樣靜好的時光，卡夫卡仍寫下如此喪氣的話語。

語錄的第二則——「伸出的援手，還未行搭救卻又收手。」才真的是卡夫卡在絕望的生死關頭所寫。當時卡夫卡已經病入膏肓，連說話都被醫生禁止，只好以文字發聲。他的醫學生朋友克洛普斯托克珍而重之地留下了這些手札。

這句話是卡夫卡在醫生診療離開後寫下的。醫生確實什麼都沒做就走了。

不管是生命中最美好的那年，抑或是臨死之前，卡夫卡說的話都一樣絕望。這一點也算是很不可思議吧。

歌德——6

希望是高貴情操

希望是人類最高貴的情操。
即使命運讓一切盡歸虛無，
希望讓我們仍想繼續活著。

——《文學論》

卡夫卡——6

絕望是我的權利

我有權利，對自己的狀態無止盡地絕望下去。

——日記

希望是高貴情操

七十三歲時，歌德曾因心包膜炎與肋膜炎大病了一場，一度陷入危急，醫生判斷只有百分之二十的機率能夠康復。

當時歌德在病榻上呻吟著：「死神就在我周圍。」

然而，他卻奇蹟似地活了過來。

七十四歲生日前夕，歌德已經痊癒，能健康地與妙齡女子共舞到深夜。

不僅如此，他還向十九歲的少女烏爾麗克求婚。

兩人年紀相差了五十五歲，烏爾麗克的母親起初還以爲歌德是向自己求婚。

少女鄭重地拒絕了歌德。

在離開烏爾麗克，返回威瑪的馬車上，歌德哭泣著寫詩，這就是那首知名的〈瑪麗亞溫泉鎮哀歌〉。

這首情詩讀來宛如出自多愁善感的青年之手，也被譽爲「歌德筆下最美的詩篇」。

歌德的晚年，無異是「卽使命運讓一切盡歸虛無，希望讓我們仍想繼續活著」的最佳寫照。

絕望是我的權利

當你試圖安慰陷入低潮的人「別那麼絕望」時，如果對方這樣回你：「我有權利，對自己的狀態無止盡地絕望下去。」……

你會有什麼感受？大概會很惱火吧。

可是仔細想想，爲什麼要生氣？是因爲對方無視於你的好意嗎？

還是我們本來就不喜歡看到別人絕望的樣子？

對方若能馬上打起精神還好，要是一直處於絕望的狀態，我們就會漸漸感到不耐，甚至還會因此產生憤怒或憎恨的情緒。

或許是因爲別人的絕望雖然與自己無關，卻總讓人覺得不該袖手旁觀。

卡夫卡也說過：「我們被逼著往消極前進，因爲我們早已擁有積極的那一面。」

換個角度反過來思考，也是可行的道理。儘管人的一生早已滿布消極，我們仍被期待要採取積極的行動，歌德所主張的就是這種觀點。

但是對卡夫卡而言，消極是一種義務，絕望是他的權利。

這是爲什麼呢？

大概是因爲卡夫卡看見了現實的消極面吧。既然看見了，身爲發現者便產生了義務和權利，既不能假裝無視，也無法強迫自己不看。

對話 2

強大

Johann Wolfgang von Goethe

弱小

Franz Kafka

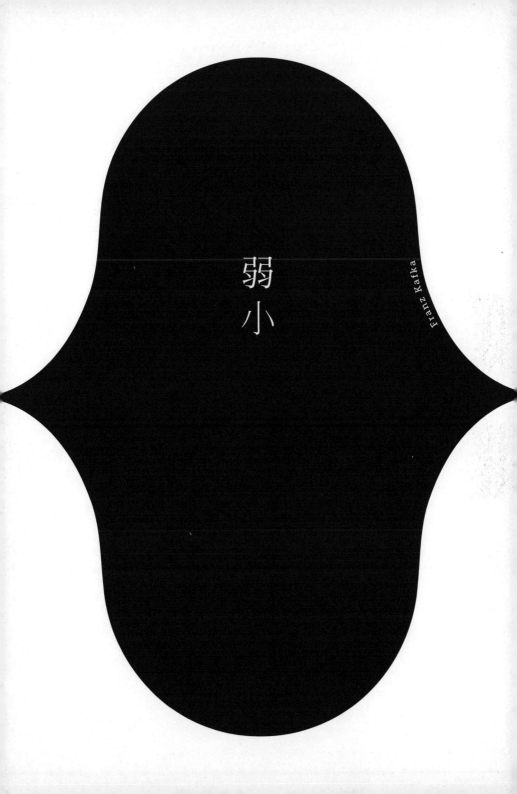

腳踏實地

穩健地立足大地、環顧四周，
世界會向有力量的人攀談。

——《浮士德》

卡夫卡——7

漂浮無依

我的腳下不見穩健的大地。
茫然無依，讓我極端恐懼。
因爲我全然不知，
像只斷線風箏的自己離地面多遠。

——給米蓮娜的信

歌德——7

腳踏實地

「強大」、「堅強」——歌德很適合這樣的描述。

會擁有「大歌德」的美譽，或許也是因爲沒有人比他更適合冠上「大」這個稱號。

歌德就是這麼偉大，他是大人物，是巨人，是大樹。

是力量強大、風格強烈、性格強韌，無可動搖的存在。

因爲是巨人，能看見更遠的地方；所以歌德總是胸懷天下，高瞻遠矚。

只要具備才能和力量，即使面對相同的事物，也能洞察得更爲深入。

對歌德而言，確實是世界在主動向他攀談吧。

這一則語錄引用自歌德代表作之一《浮士德》的內文。浮士德博士是研究醫學、法學、哲學、神學的偉大學者，「博學者」的角色設定與歌德本身頗爲相似。

灰色的魔女「憂鬱」從鑰匙孔溜了進來，在浮士德耳邊訴說著憂傷愁悶的語句，想要擾亂浮士德的心神。

然而，浮士德甩開憂鬱，說了這句話。

卡夫卡對仰慕著自己的新銳詩人亞努赫說道：

「你筆下的詩人是出奇強悍的巨人，腳踩大地，頭頂浮雲。」

這樣的描述或許就是在形容歌德。

但卡夫卡卻推翻了這種詩人的形象。

「實際上，詩人遠比泰半的世人脆弱、渺小多了，所以才會更強烈、更深刻地感受到活在這世上的重擔。詩人的作品對其本身而言，不過是一首哀歌。」

「脆弱」、「渺小」，卡夫卡很適合這樣的描述。

正因爲脆弱又渺小，才能留意到巨人未曾關注的細節，就如同雙腳不便的人，才會發覺一般人根本不會意識到，微小的地面落差。

卡夫卡總是述說著自己對大地的不安。

在給摯友布羅德的信上，他也曾寫道：

「我活在與其說是脆弱易崩，更像是根本不存在的大地之上。腳下是幽闇的深淵，黑暗的勢力會從那裡神不知鬼不覺地竄出，無視我含糊的抗議，恣意破壞我的生活。」

心神不定時，我們會用「踩不到實地」、「腳步踉蹌」、「搖擺不定」或「世界從腳下開始崩塌」形容，而對卡夫卡來說，不安的感受或許就像大地從腳下消失了一樣。

殺死一千隻蒼蠅

夜晚，我拍死一千隻蒼蠅。
早晨，又被一隻蒼蠅吵醒。

——〈格言詩〉

卡夫卡——8

饒蒼蠅一命

蒼蠅那麼可憐，爲什麼不饒牠們一命呢！

——對在民宿結識的少女說的話

殺死一千隻蒼蠅

簡直是一場大殺戮。問題是，哪來那麼多的蒼蠅？

這應該不是指真實發生的事，而是《格言詩》這本詩集中的作品（這兩行就是一首詩）。下一首詩則是這麼寫的：

「無論到了多遠的地方，都無法擺脫紛擾的世間。即使逃進山中小屋，也滿是菸草的煙霧與刺耳的話語。」

從上下文看來，所謂的「蒼蠅」大概是指紛擾的世間與刺耳的話語。

如今可能無法想像，歌德的作品在當時並非完全被大衆肯定，也曾遭受打壓刁難。但歌德顯然不在乎那些批評，就像是覺得「對愚者之言耿耿於懷也無濟於事」。從「我拍死一千隻蒼蠅」這句話，也可以看出歌德不屈的意志。

儘管如此，早晨又被一隻蒼蠅吵醒，這也讓歌德顯得更有人味。

而且，歌德對生物絕非毫無憐憫之心，他也寫過這樣的詩：

「殺死一隻蜘蛛時，我不禁捫心自問，自己有這個權利嗎？因爲上帝希望這隻蜘蛛也能和我一樣，享受每個時刻！」（《西東詩集》）

卡夫卡——8

饒蒼蠅一命

卡夫卡對生物的悲憫之心、對弱者的共感程度，遠遠超乎一般人。

一位名叫赫米內·貝克的少女因爲身染肺病，住在森林中的民宿裡療養。

民宿裡還有另一位前來療養的男性，就是卡夫卡。

那是春天發生的事，兩人相遇，一起在森林中散步，還曾經把躺椅擺在露台上，裹著毛毯，或躺或臥地暢談文學。

卡夫卡總是面帶微笑，溫柔地對少女說話，從未對她揚聲動氣。

只有一次，卡夫卡喝斥了少女，令少女大吃一驚。

原來是當時有隻蒼蠅煩擾地繞在少女身邊打轉，少女想將牠打死。

卡夫卡見狀，難得動怒地說：「蒼蠅那麼可憐，爲什麼不饒牠們一命呢！」

少女因此愛上了卡夫卡。

歌德——9

做大事

不期待自己有百萬讀者的人，
根本不該提筆寫作吧。

——《歌德對話錄》

烹小鮮

你說，應該要給自己更大的試煉。
或許確實如此，
然而，大小不應該是取決的標準。
就算我待在自己的鼠洞裡，也能考驗自己。

——給馬克斯·布羅德的信

做大事

就算是現在，一年也出不了幾本銷量破百萬的書。按照這樣的標準，絕大部分的作家都會失去寫作的資格，我的這本書也得停筆於此。

即使是歌德自己的作品，恐怕也只有《少年維特的煩惱》這本名留文學史的超級暢銷書賣了百萬本以上，其餘的作品平均發行量頂多只有四千本左右。

換句話說，歌德的意思並不是「一定要成爲暢銷作家」。

他想說的是，寫作是爲了廣大的讀者，而不是爲了討好少數的評論家。

歌德的目標是「世界文學」。今時今日，藝術能跨越國境、是人類共有財產，已成爲普世價值，但最早提出這種想法的其實是歌德。

「我愈來愈覺得，文學是人類共有的財產。（中略）世界文學的時代來臨了。」（《歌德對話錄》）

「愛國的藝術與愛國的學問根本不存在，所有的眞善美都一樣，藝術或學問是屬於世界的。」（《威廉．麥斯特的學徒歲月》）

實際上，歌德的文學作品也是最早跨越德國國境，遍及歐洲全域，甚至持續向外發揮影響力的德國文學，而且是歌德還在世時就已如此。

所以，世人才會稱歌德的文學作品爲「大文學」、「主流文學」。

歌德住在威瑪時曾說過，「我是世界公民中的威瑪市民」，就連現代人也還不太具備這種「世界公民」的概念。

揚言「成爲大人物」、「做大事」或「拓展全球化事業」的人多如過江之鯽，大家都認爲「擴大」意味著成功，基本上沒有人想「變小」。

可是，卡夫卡卻以縮小自我爲目標，非但不想成爲一比一等比例的自己，還想直接縮成鼠洞大小。「待在自己的鼠洞裡」大概是指他動不動就躲進房間，對一些微不足道的事耿耿於懷。寫這封信時，卡夫卡也因爲老闆娘體貼地告訴他可以把飯菜送到房間，而侷促不安、輾轉難眠，甚至小題大作地視爲「撼動世界的事件」。這是大人物，不，卽使是普通人也難以理解的煩惱。

卡夫卡的文學作品被稱爲「小文學」、「少數文學」。

這不只是他人的評價，就連卡夫卡本人也在日記裡稱自己的作品爲「小文學」。

「無論是大文學或小文學，都能展現優異的成果。細緻地鑽研小文學，反而能得到更出色的佳績。」

卡夫卡的小文學，如今已成爲世界文學，但在他生前並非如此。卡夫卡的摯友布羅德爲了讓世人了解其作品的傑出，還會唸卡夫卡的小品給其他作家朋友聽，而當時的知名作家威爾佛聽了，卻難以忍受地說：「這東西絕不可能跨出博登巴赫！」

他口中的博登巴赫是當時波希米亞與德意志帝國交界的車站，也就是說，他認爲卡夫卡的作品不可能跨越國境。布羅德什麼也沒說，只是勃然大怒，停止了朗讀。

對話3

我可以

Johann Wolfgang von Goethe

我不行

Franz Kafka

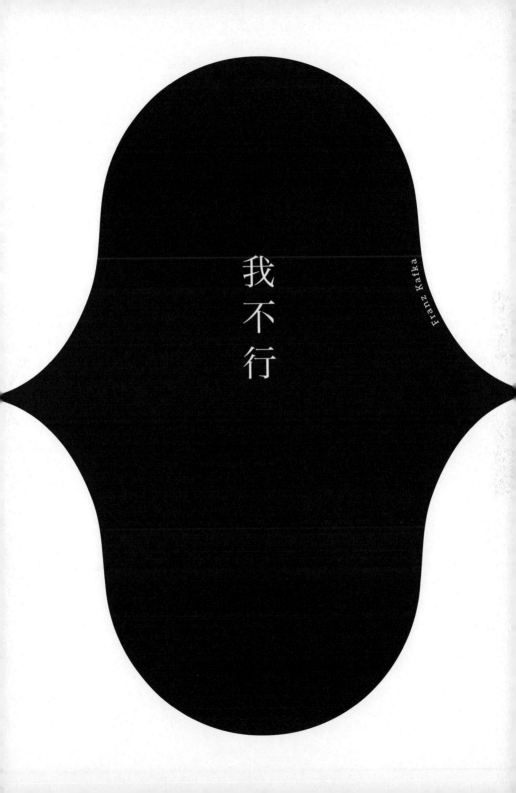

歌德——10

有價值的人

我很滿意自己原本的模樣，
認爲自己是高貴的人，
所以就算當上國王，
應該也不足爲奇。

——《歌德對話錄》

卡夫卡——10

沒價值的人

傍晚散步時，
無論是路上細微的噪音，
還是望向我的視線，
抑或是櫥窗裡的照片，
這一切都比我重要。

——日記

有價值的人

在心理治療理論中，「溝通分析」（也可說是讓精神分析變得更爲實用的「口語版精神分析」）非常重視「我可以」的正向思考。重點不在於「自己有這種長處，所以沒問題」，而是要讓受試者無條件地相信「我可以」，無關乎長處或缺點。

歌德正是相信「我可以」的人，這是他人生的基調，所以他的心緒十分安定，不會受外界的評價所影響，能充滿自信地走在自己的道路上。

「認爲自己是高貴的人」，這麼說並不是指歌德的家世良好，他的家境雖然優渥，但父親那邊的家族其實出身低微。約翰．沃夫岡．馮．歌德這個名字中的「馮」是貴族的稱號，但歌德並非一出生就是貴族，而是直到三十二歲才受晉封。

這是歌德回想那段時光所說的話，接著還有下文。

「大家都以爲我肯定志得意滿，實不相瞞，對我而言那眞的不算什麼。當我拿到貴族的晉封令，只覺得那原本就屬於我。」

這並不是因爲歌德擁有身爲作家的名聲。卽使《少年維特的煩惱》叫好叫座，他也沒有因此聲名大噪，再加上當時沒有繼續發表作品，大衆很快就忘了他的存在。

卽使獲得小國國王的賞識，成爲了政治家（貴族的地位就是由此而來），這樣的成果也遠遠不及他的理想，使他煩悶落寞。

儘管如此，歌德還是滿意地認爲「我可以」，勇於肯定自己的態度令人激賞。

日本詩人石川啄木有一首短歌如下：

朋友看來都比我有成就那天
買花回家
與妻相濡以沫

想必所有人都曾經歷過周遭的人們看來都比自己優秀的時刻，感覺只有自己一文不值。但是，卡夫卡的情況則更加極端。

這已經不是周遭的人們看來都比自己優秀的問題。卡夫卡比較的對象甚至已經不是「人」，而是噪音、視線、照片，覺得自己更沒有價值。

先別提「比噪音更沒有價值」這種說法幾乎是前所未聞，基本上應該不會有人拿自己跟噪音比較吧。

卡夫卡自始至終都認定「我很糟」，還覺得「自己以外的人都很好」。這與歌德恰好相反，但卡夫卡否定自己的強度，則與歌德肯定自己的強度幾無二致。

「自我放逐是我與生俱來的命運。」

這是他寫給戀人菲莉絲的信裡的一句話。

歌德——11

才能高超

如果心想就能事成，
根本不值得努力。

——《格言與反省》

卡夫卡——11

毫無才能

毫無才能，一點也沒有。

——日記

才能高超

一般來說，人會在什麼時候努力呢？

不外乎是「只要努力，就能實現願望」的時候。如果「再怎麼努力，願望也無法實現」，想必大家就不會再努力了。

但歌德卻說：「如果心想就能事成，根本不值得努力。」

「反正不可能成功，就別再努力了。」這麼說的大有人在，但應該沒什麼人會說：「反正一定會成功，就別再努力了。」

此外，這句話也不是「只要努力，就能如願」的意思。

正因爲光靠心想無法事成，所以才需要努力。

或許正因爲歌德是這樣的人，才會成爲無所不能的象徵。

歌德是小說家、是詩人、也是劇作家，懂得希臘文、拉丁文、法文、義大利文、英文，字跡優美，精通醫學、動物學、植物學、地質學、氣象學、博物學等科學，同時還是政治家，會彈鋼琴，繪畫實力也是畫家等級，又擅長舞蹈和騎馬。果眞是才能高超。

但也不是所有的願望，都能透過努力實現。歌德耗費二十年歲月寫出了名爲《色彩論》的科普書，卻被當時的科學家嗤之以鼻，直至今日也稱不上受到肯定。

歌德爲這本書傾注了無數的努力與心神，卻換來這樣的結果……

不過，他本人想必不認爲這些努力是白費工夫吧。

毫無才能

如果缺乏能力，再怎麼努力也沒用。人之所以能堅持向前，是因爲有能力行走，如果一開始就沒有行走能力，前進無疑是遙不可及的幻夢。

卡夫卡經常覺得自己毫無才能，在這種意識特別強烈的某一天，他在日記裡寫下：

「無能到想挑毛病都不知從何挑起。」

「徹骨生寒，空虛至極。痛切地感受到自我能力的界限。」

「我始終相信，總有一天衆人會發現，我其實是個無能的傢伙，父母和世人都會爲此瞠目結舌。只有無能是我未來道路的指引，就算對未來有再多想法，終究也會一無所獲，唯有現在的悲傷會持續到永久。只要有心，我當然也能抬頭挺胸走路，但就是太過疲累，而我也不確定駝背會對未來造成什麼危害。」

卡夫卡就是這樣的人，所以就連寫小說也經常陷入低潮，因而無以爲繼。每次都是好友布羅德拉他一把，帶著他去旅行，邀他一起寫遊記、建議他寫日記，想方設法爲卡夫卡加油打氣。

不是每個人都能擁有像布羅德這樣的摯友，但在陷入低潮時去旅行或寫日記，還是很有助益。至少，對於跌倒了就會一蹶不振的卡夫卡而言，是很有效的方法。

歌德——12

一切都美好如詩

邁達斯王啊，你的命運令人同情，
因飢餓而顫抖的手，一碰觸食物就變成黃金。
我的處境也與你相似，卻更加歡愉，
經由我手碰觸的一切，都立刻化爲詩句。

——詩作〈威尼斯警句〉

卡夫卡——12

一切都暗無天日

我所寫的都不是我所說的，
我所說的都不是我所想的，
我所想的都不是我應該思考的，
我始終在這樣的黑暗底層徘徊。

——給妹妹奧特拉的信

一切都美好如詩

邁達斯王是希臘神話裡的國王，他向酒神祈求「讓我擁有神力，把碰觸到的一切都變成黃金」，結果連食物及飲水都變成了黃金，使他差點因飢餓而死。

順帶一提，在童話〈國王的驢耳朵〉中長出驢耳朵的國王也是邁達斯王。這個國王可眞是麻煩製造機。

邁達斯王有點石成金之力，歌德則自認能將一切都化爲美好的詩句。眞是自信滿滿，自信到可能有人會認爲他「自我感覺過於良好」。

然而，敢沒有遲疑地如此直言不諱，也符合歌德開朗坦率的性格，他絲毫不擔心這會招致別人的反感。

事實上，歌德也確實能在包羅萬象的情境下創作詩句。卽使出門在外，只要詩興大發，不管是在自己坐的餐桌，還是牆壁、門板，歌德都能寫詩。明明是隨興塗鴉，卻彷若自己寫的是絕世名句般理直氣壯。

「創作的喜悅沒有盡頭。」歌德在自傳《詩與眞實》中寫下這句話。

卡夫卡其實也在日記中引用過這句話。沒有加上任何評論，只是單純引用。

當時，卡夫卡究竟是以什麼樣的心情，寫下了這句話呢……

邁達斯王碰觸的一切都變成黃金，歌德碰觸的一切都化爲詩句，而卡夫卡碰觸的一切，或許都會成爲傷害他自己的武器。

卡夫卡在給妹妹的短信裡寫下這句話，信中毫未提及自己以及身邊發生的事。

每個人都有過思考混亂，無法確實表達，怎麼寫都不對勁的時候，作家也不例外。不，作家對寫作的要求更高，所以難度更爲提升。何況是卡夫卡這樣追求完美的人，困難可能會像滾雪球般愈滾愈大，最終將他推落黑暗的底層。

與其說是寫作令卡夫卡感到痛苦，寫不好更讓他飽受煎熬。他從不曾覺得自己寫得好，所以每次寫作都是在自我折磨。

不只是作家，所有的工作都有人樂在其中，也有人艱苦掙扎。歌德屬於前者，卡夫卡則是後者。

當然，卡夫卡曾體會創作的喜悅，歌德也曾經歷創作的痛苦，他只是比較懂得苦中作樂而已。也因此，卡夫卡在日記裡寫道：

「好比我今天寫的『傳說的解釋』（這是卡夫卡的長篇小說《審判》其中一章〈在大教堂〉裡提及的故事，後來發展成獨立的短篇小說〈法的門前〉），倒也不是沒爲我帶來滿足或幸福的感受，只是潛意識一直告訴我，我一定會遭到報應，而且即使事過境遷，我也絕對無法重新振作。」

卡夫卡總是很不安，即使感受到滿足或幸福，也時刻擔心往後的命運，會不會在轉瞬間就天翻地覆。

歌德——13

有自信就能無往不利

要保有自信。
如此一來，
就會知道該如何活著才好。

——《浮士德》

卡夫卡——13

沒自信所以處處碰壁

我對於自己
在這個世界、這個城市，
乃至於自己家庭的地位，
完全沒有自信。

——〈乘客〉

有自信就能無往不利

一般人都會因爲找到生存之道而產生自信，即使在學生時代糊塗散漫的人，一旦找到工作，累積相當程度的經驗，獲得一點成就，就會湧現自信，變得與以往判若兩人。

如果摸不清人生的方向，就難以決定該走哪條路，步伐也會搖晃不定、缺乏自信。

換句話說，確定了生存之道，我們就能產生自信。

但是，歌德說的話卻恰恰相反。他認爲只要有自信，眼前自然就會開出一條路。

日本詩人高村光太郎的〈道程〉是一首很有名的九行詩，原本這是一百零二行的長詩，而開頭是這樣寫的：

「我並非走在通往哪個方向的路上。我的眼前沒有路，路在我的背後，是我踏過走來的足跡。因此，我永遠站在路的最前端。」

這麼看來，或許就如歌德所說，應該要先建立自信。

不過，這句話其實是出自魔鬼口中。在《浮士德》裡，對自己的人生已然幻滅的浮士德博士，與魔鬼梅菲斯特訂下契約，願意用死後的靈魂交換實現今生的願望。儘管如此，浮士德仍遲遲不敢踏上冒險的旅途，梅菲斯特於是以這句話引誘他。

雖然是魔鬼的花言巧語，但騙子爲了讓人相信他說的一句謊言，會再說九句實話，這就是其中之一吧。除此之外，梅菲斯特還說了不少佳言錦句。

沒自信所以處處碰壁

這句話是出自卡夫卡的小品集《觀察》中的〈乘客〉一節。

即使有自信就能開出一條路，但要是連擁有自信，就已經困難到幾乎不可能實現了呢……

以卡夫卡來說，他的內心總會隨時冒出沒來由的不安與罪惡感，卻怎麼樣也無法挖掘出沒來由的自信。

因為他連自己的安身之地都遍尋不著，也不清楚該從哪裡出發才好，所以始終在原地踏步。

到底什麼樣的地方，才是自己的安身之地？

關於「安身之地」有各式各樣的詮釋，答案不外乎「願意接受自己的地方」、「身心安頓的地方」、「言行自在的地方」、「能埋首思索、沉浸心神的地方」、「可以肯定自己的地方」、「不受他人干涉的地方」等等。

認為家庭是安身之地的人很幸福，能在社會上找到安身之地的人也很幸運。

卡夫卡在給摯友布羅德的信上這麼寫著：

「無論是城市、家庭、工作、社交、愛情，乃至於民族……對於這一切的一切而言，我無疑是個不中用的人。若要問我有多麼不中用，我絕對比周遭人們從自己身上再怎麼仔細觀察，都無法挖掘出來的不中用，還要不中用。」

歌德——14

缺點是人的魅力所在

有些缺點對那個人來說，是不可或缺的特質。
要是認識多年的老友改掉了缺點，
我們應該會覺得寂寥吧。

——《親和力》

卡夫卡——14

無法接受自己的缺點

母親大人，您注意到了嗎？
我的這個缺點。
想必您絕對無法接受吧。

——給未婚妻母親的信

缺點是人的魅力所在

歌德不是因爲只有優點、毫無缺點才充滿自信。

他明白自己也有很多缺點，諸如「缺乏耐性」、「沉不住氣」、「任性而爲」、「陰晴不定」、「動輒發怒」、「容易激動」等等。

然而，歌德愛著人類身上的缺點，無論是自己的缺點，還是別人的缺點。

他甚至說過：「人就是因爲會犯錯，才值得憐愛。」（《格言與反省》）

他的詩人好友席勒，也是個怪癖很多的人。有一天歌德去拜訪他，席勒剛好不在，歌德在書房等他回來時，聞到了一股噁心的怪味，好像是從抽屜散發出來的。打開一看，裡頭居然有很多腐爛的蘋果。

席勒的太太告訴大吃一驚的歌德：「外子喜歡聞蘋果腐爛的臭味，所以抽屜一定要隨時塞滿腐爛的蘋果。少了這些蘋果，他就寫不出詩來，甚至活不下去。」

歌德討厭所有不健康的行爲，所以在他眼中，這應該是致命的缺點，即使換成普通人，大概也會退避三舍。儘管歌德差點被腐爛的蘋果薰昏，也沒有因此就與席勒絕交。萬一席勒改掉這個怪癖，歌德說不定還會覺得失落。

最近似乎有種趨勢，喜歡跟不甚完美的人割袍斷義。然而，一部電視劇裡如果都是沒有缺點的完人，這齣戲還會好看嗎？正因爲有了不是那麼完美的角色，劇情才會高潮迭起。人生也是相同的道理。

卡夫卡會主動向菲莉絲這位女性求婚，這句話則是摘自他寫給未婚妻母親的信。會對心上人的母親說出這種話，正是卡夫卡的缺點。

菲莉絲大概也愛著卡夫卡的缺點，否則肯定無法與卡夫卡交往。

卡夫卡無法接受自己的缺點。對別人都只看見優點，對自己卻百般挑剔。

「我很清楚自己有什麼短處和弱點，但很難以文字表達，這其中混雜了容易擔憂、畏縮消極、長舌多話、優柔寡斷等。這些弱點保護我不至於瘋狂，也同時阻止我積極向上。」（日記）

「我的內心充滿愚昧的情緒及可怕的情緒。我從未表現出真正的情緒，就算表現出來，往往也無法堅持到底，所以我才會這麼無力。」（給布羅德的信）

而關於失敗，卡夫卡是這麼寫的：

「家庭生活、人際關係、婚姻、工作、文學等等，我在各方面都一敗塗地。不，我連要一敗塗地都做不到。」（八開筆記本）

別說是失敗了，就連失敗都做不到……

無法接受自己的缺點

歌德——15

留下名聲

爲了讓自己成爲不朽的存在，
我們才會身在此處。

——《溫和的贈辭》

卡夫卡——15

留下失敗

不起眼的生平。顯眼的失敗。

——日記

留下名聲

包括人類在內，至今還生存在地球上的生物都會想盡辦法活下去。因爲只有求生意志堅強的生物才能存活，求生意志軟弱的生物早已滅絕。

這樣的人類，自然無法忍受死後一切將歸於虛無，即使死了也想繼續活著。也因此，所有的宗教都歌頌靈魂的永恆，揭示死後的世界。

生兒育女、渴望子孫滿堂的心態，或許也跟想要長生不死的欲望有關。人還想留下名聲、想被鑄成銅像、想蓋建築物，這些也是永生的方法之一。

「我活在世上的痕跡永遠不會消失。我有預感，這是至高無上的幸福，此刻的我正在享受這最完美的瞬間。」

這是《浮士德》中浮士德臨死前的最後遺言。他認爲能夠留下自己活過的痕跡，是至高無上的幸福。

或許也有人想完全抹去自己活過的痕跡，但願能立刻消失，但歌德希望自己能永生不滅。事實上，他的名聲也的確永生不滅。

據說歌德還在世的時候，人們經常談論歌德與席勒誰比較偉大，而歌德對此是這麼說的：「有兩個可以被這樣討論的人，對世間來說不是很可喜嗎？」

這句自信滿滿的話，確實很有歌德從容大氣的風格。

留下失敗

不是只有名聲會永遠流傳下去。

「一如人生在世，只有恥辱會流傳延續。」這是卡夫卡的長篇小說《審判》的最後一段文字。

身為平凡的上班族，卡夫卡的一生毫不起眼。

他經歷過無數的失敗，親子關係不睦，人際關係也碰壁，沒結成婚，當然也沒留下孩子。就連對他最重要的小說創作，卡夫卡也自認是失敗的作品。

再也沒有比永遠留下失敗的作品更痛苦的事了。他最有名的遺言，就是要求燒掉自己所有的作品。

卡夫卡生前在報章雜誌發表過一些文章，也出版過幾本書。這都要歸功於當時的知名作家，同時也是他的好友布羅德盡力奔走。要說服出版社出版卡夫卡的小說已經很不容易，更不容易的是說服卡夫卡本人。

出版第一本小品集《觀察》時，卡夫卡也是刪刪減減，最後只剩下薄薄的一本。不僅如此，好不容易將原稿交給出版社，卡夫卡還對編輯說：「比起出版，若你能把原稿還給我，我更會由衷感謝你。」

《觀察》出版後，把書送給一位女性友人時，卡夫卡則在書裡寫了這句話：「這本書最精彩的地方，永遠都在於你闔上書本的那一刻。」

對話4

把握機會

Johann Wolfgang von Goethe

背對機會

Franz Kafka

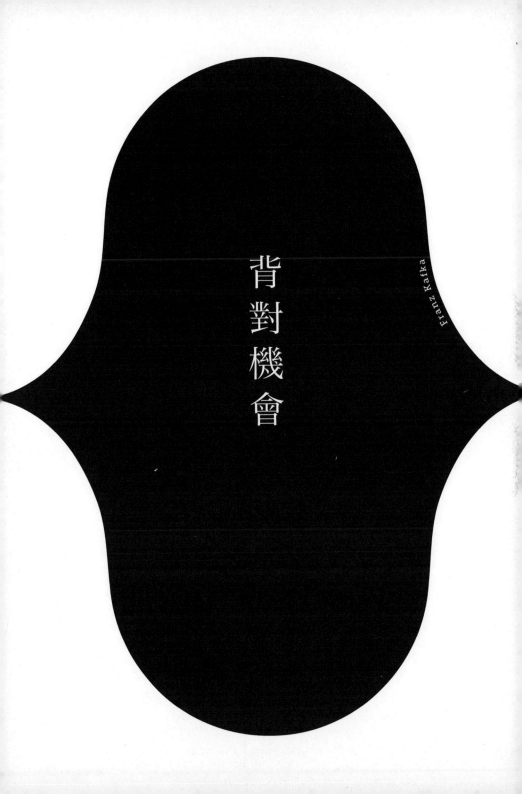

歌德——16

夢想是用來實現的

我們對未來所有的期望，
都是因爲預料到自己有那樣的天分，
如今才會夢想著有朝一日能實現。

——自傳《詩與真實》

卡夫卡——16

絕對不可能才是真實

就這樣，
誘惑又開始了，
絕對不可能的答案又來了。
無論再怎麼悲痛，這就是事實。

——給朋友之妻愛絲・伯格曼的信

夢想是用來實現的

人類有琳琅滿目的夢想，想成爲音樂家、想成爲社長、想成爲公務員。

歌德認爲這絕非白日夢的空想，而是有確實的根據。正因爲隱隱察覺到自己有那樣的天分，才會產生相對應的願望。如果能栩栩如生描繪出自己未來的模樣，就表示願望總有一天會實現。「或許也不是毫無機會，能事先品嚐到心裡想著遲早要摘下的果實。」

（《威廉．麥斯特的學徒歲月》）

僅僅是想像自己將來實現夢想的模樣，就足以陶醉不已。倘若能事先品嚐到心裡想著有朝一日要吃到的果實，肯定更是至高無上的喜悅。

歌德在自傳裡還接著寫道：「我們都對自己其實已經擁有的東西滿心嚮往。」「如果順利，就能立刻走上筆直的大道；即使遭遇逆境而必須繞路遠行，遲早又會回到原本的道路上。」

事實上，歌德在年輕時就想朝文學創作的道路邁進，雖然因爲父親對自己另有期待而繞了遠路，終究還是成爲文豪，同時也印證了這句話。

只可惜，現實中無法得償夙願的也大有人在。關於這一點，歌德的說法是；「即使不得不放棄心中認定的天職，但是看見別人實現了這個夢想，內心仍不禁湧現美好的情感。人類只有在感受到衆人皆爲一體，自己存在於衆人之中，才能體會幸福與喜悅。」

因爲太美好了，一般人恐怕很難體會這種心情。

絕對不可能才是真實

很多名人都說，「只要相信，夢想必能實現。」對他們來說或許是如此，但這個夢想如果在千人之中只有一人實現，那麼最終成功的也只有一人，其他的九百九十九人都只是留下悲傷的回憶。而且，沒有人會在乎那九百九十九人說了什麼，大家只想聽實現夢想的那個人說話，於是他便說了：「只要相信，夢想必能實現。」甚至還有心理學家提出警告，就是因爲好萊塢巨星等成功人士宣揚這種想法，才害得許多人陷入不幸。

卡夫卡這個名人卻特立獨行，提出了完全相反的觀點。

卡夫卡說自己受到許多誘惑，覺得自己應該能做到某件事，便努力去做了，結果卻力有未逮；然後他又受到誘惑去做另一件事，還是功敗垂成，所謂的相信也不過如此。

「世上充滿可能性，只是我還沒看見。」（給米蓮娜的信）

對卡夫卡而言，人生的可能性宛如幽靈般飄忽不定。

悲觀到這種程度，反而讓人想反駁，至少微不足道的願望是可以實現的吧。

只是以卡夫卡的情況來說，無論嘗試什麼挑戰，結果都不太順利。例如，他曾經基於「孩子應該盡早離開父母羽翼」的想法，勸自己的妹妹早點讓孩子自食其力；問題是他自己都已經進入社會工作了，仍跟父母同住，反而是妹妹先搬出去，卡夫卡還占用妹妹的房間。直到三十二歲，卡夫卡才終於租屋獨居，但還是每天回父母家吃飯。而且他租的房子採光不佳、冰冷潮濕，他因此生病咳血，結果又搬回去和父母住……

從不拖延

心情本來就起落無常，說出來又能如何？
再怎麼推拖延宕，心情也不會好轉。
今天做不到的事，明天也無法完成。
就連一天也不該浪費。

——《浮士德》

卡夫卡——17

習慣拖延

今晚應該繼續寫作，應該逼自己寫下去。
畢竟，我那個微不足道的故事就要寫到尾聲了，
一口氣寫完，整體才更為統一，讓人欲罷不能，
或許還能寫出更理想的結局。
儘管如此，我還是停筆了，
沒有一股作氣完成的勇氣。

——給菲莉絲的情書

歌德——17

從不拖延

每當聽到「去看書」、「去工作」，是不是就會覺得「今天沒有那個心情」？那麼，隔天是否就有心情了？倒也不盡然。

一不小心，可能每天都沒有那個心情。

特別是討厭的、不想做的事，更是遲遲湧現不了動力。

就算是喜歡的、想做的事，愈是重視，就愈容易想著「要等待一個最佳時機，不希望在狀況不好時進行」。

即使是非做不可的事，事到臨頭還是不乾不脆，百般拖延。

如果是作家之類的藝術家就更不用說了，總是推托「今天沒有靈感」、「今天的狀態不怎麼樣，寫不出好東西」，隨著當天的心情起舞。

但歌德不會說這種話，反而斬釘截鐵地宣示：「慣於拖延的人不會有靈感。」機會的後腦勺沒有頭髮，必須牢牢地抓住機會的瀏海（編註：希臘神話中的機會之神只有前面長著瀏海，後面則是光禿一片）。

事實上，一旦產生「等到想做時再做」的念頭，就不會想做了。

與其原地踏步，不如告訴自己「先做五分鐘再說」。總之先試試看，結果會發現做起來意外地順利。

幹勁不會自己跑出來，而是做了以後才會湧上來。

習慣拖延

卡夫卡最有名的小說，堪稱是一開頭就寫著「早上醒來，我發覺自己變成一隻蟲」的《變形記》。

卡夫卡在創作《變形記》時，曾寫過好幾封信向當時的戀人菲莉絲報告進度。《變形記》是誕生於卡夫卡對菲莉絲的熱情最爲澎湃之際，卻令人萬萬沒想到會是這樣的內容。也難怪卡夫卡要向菲莉絲報告寫作的進度。

他在信中向菲莉絲述說，已經寫到故事的尾聲，卻無法一股作氣完成而暫時擱筆。因爲結尾很重要，他沒有把握當晚能寫出最好的結局，所以遲疑了。

然而在隔天的信上，卡夫卡又向菲莉絲報告：

「對於我那微不足道的故事，現在眞的已經太遲了。如同我始終擔心的那樣，仍處於未完成的狀態，我只是凝望著天空，直到隔日深夜。」

果然還是別拖泥帶水比較好。

隔天，他又在信上寫道：「我那微不足道的故事總算寫完了，可是我一點也不滿意今天寫的結局。我應該可以寫出更好的東西，這一點絕不會錯。」

我認爲《變形記》的結局很完美，但卡夫卡本人似乎並不滿意。

不要拖泥帶水，一股作氣地寫下去，或許就能寫出更好的作品。但是不拖泥帶水，就不是卡夫卡了。如果不是卡夫卡，根本沒有人能寫出《變形記》吧。

堅持到底

話雖如此，
有些事勉強去做也不會有好結果。
光靠意志力無法過關斬將時，
只能靜待轉機降臨。

——《歌德對話錄》

半途而廢

我無法再寫下去了。
我已經江郎才盡。
在這之前，
我已經動也不動地坐了好幾年。
從今以後，
我大概又會開始寫新的小說。
寫同樣半途而廢的小說。

——日記

堅持到底

歌德也精通氣象學，在三十五歲時發明了用水測量氣壓的氣壓計，至今仍以「歌德氣壓計」爲名在市面上販售。歌德曾經用這個氣壓計測量氣壓，發現氣壓高的時候，工作比較輕鬆；氣壓低的時候，工作比較吃力。可是問他氣壓低時是否就要休息，倒也並非如此。相反地，氣壓低的時候，他反而更努力工作，用意志力戰勝不適的肉體。

歌德非常重視所謂的「意志力」，認爲精神擁有「令人難以置信」的力量。然而，這並不代表他認爲意志力就能底定一切，諸事不順則要歸咎於意志力缺乏。歌德並不是只知道前進，不達目的誓不罷休的人。

「只能靜待轉機降臨」似乎與「就連一天也不該浪費」自相矛盾，其實不然。不把時間浪費在照顧自己的心情，只是盡全力去做，但如果仍無法順利過關斬將，就別再多做掙扎，而是耐心等待機會降臨。這樣比較合乎常理，也更爲實際。

歌德就是如此身體力行，而非紙上談兵。例如，被譽爲世界文學最高傑作的《浮士德》在他二十一歲時就已完成構思，起初他是在二十四到二十六歲之間寫作，但還沒寫完便告放棄。過了十幾年，三十九歲的歌德才在義大利繼續補寫，四十一歲發表《浮士德片段》。四十八歲又重啟進度，五十七歲終於完成第一部，直到去世前一年，八十一歲才完成第二部。從構思到完成，總共花了六十一年。

總之，先盡最大的努力，萬一窒礙難行則等待轉機降臨，總有一天能克盡其功。

卡夫卡有三部長篇小說，分別是《失蹤者》、《審判》和《城堡》，全都是未完成的作品。

除了長篇小說之外，卡夫卡還有許多未完成的作品，不如說眞正完成的還比較少。卡夫卡的作品大部分都是未完成的片段。

卡夫卡四十歲就去世了，比起活到八十二歲的歌德，連他的一半歲數都不到。

如果卡夫卡也像歌德那麼長壽，可會完成自己的作品？

這也只能自行揣測了，但我認爲應該不會全部完成。無論給他再多時間，不會完成的作品就是不會完成。尤其是三部長篇小說，大概永遠都不會完成。

卡夫卡把長篇小說《失蹤者》的第一章〈司爐〉單獨出版成短篇小說時，在隨原稿寄給出版社的信上寫著這麼一句話：「這只是片段，大概永遠都只是片段。讓片段永遠是片段，才能給這一章最完整的結局。」

雕刻家羅丹刻意創作出一座沒有頭、四肢而只有軀幹的雕塑，這也相當於未完成的作品，蘊含著唯獨未完成才有的美感。

卡夫卡並不是刻意半途而廢，但這些無法輕易完成、怎麼樣都完成不了的作品，也充滿著獨到的「未完成」魅力。

一聽到未完成、又是長篇，或許很多人連看都不想看，那就太可惜了。

對話5

展開行動

Johann Wolfgang von Goethe

故步自封

Franz Kafka

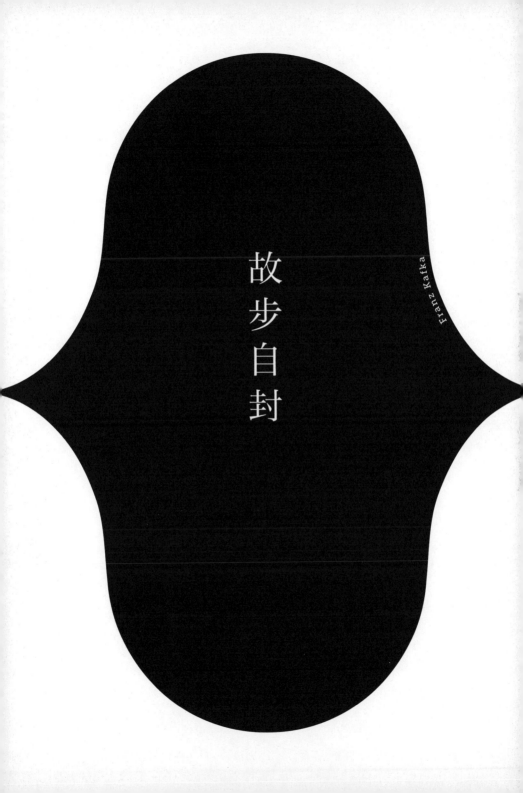

歌德——19

樂於行動、享受行動

樂於行動、享受行動的人很幸福。

——《格言與反省》

卡夫卡——19

只能默默站在原地

我無法在想前進的路上前進。
不，不僅如此，
我甚至不敢奢望在那條路上前進。
只能默默站在原地，
除此之外不敢有任何希冀。
事實上，也沒有任何希冀。

——給米蓮娜的信

樂於行動、享受行動

歌德是「行動派」，非常重視行動力。

當然，歌德也是理性之人，但絕不會自尋煩惱、猶豫地只在原地踏步，而是喜歡先行動再說。否則以他顯赫的名聲與地位，也不會在七十四歲時還向十九歲的少女求婚。

他在《格言詩》這部詩集裡也寫了這麼一首詩。

「幸運將授與誰最美的桂冠呢？無非是樂於行動、享受行動的人。」

據說《阿爾卑斯山的少女海蒂》（譯註：台灣將其改編動畫譯為《小天使》）這本小說的作者喬安娜．史畢利，最喜歡的就是這句話，常把它抄寫下來送人（附帶一提，《阿爾卑斯山的少女海蒂》的寫作構想，據說也是來自歌德的小說《威廉．麥斯特的學徒歲月》、《威廉．麥斯特的漫遊歲月》）。

樂於行動、享受行動並不是容易的事。遲遲無法付諸行動、行動後反而悔不當初，說不定還比較常見。心理學有所謂「自我效能」的說法，意指「認爲自己有充分能力完成某件事的信念」，而無論如何先做再說，確實有助於提升「自我效能」。

更有意思的是，付諸行動後若成功了自不待言，但就算失敗，還是可以提升「自我效能」。當然也有人會陷入「早知道就不做了」的沮喪懊悔，但是「至少我努力過了」的感覺，仍有助於提升「自我效能」。「樂於行動」的人，內心自然能「享受行動」。

勇敢示愛卻慘遭拒絕，因此潸然淚下的歌德，想必也提升了「自我效能」吧。

只能默默站在原地

卡夫卡有個大自己兩歲，名叫布魯諾・卡夫卡的親戚（他們的父親是堂兄弟）。聽說他們長得很像，個子都很高、有著黑髮，眼珠也偏黑。

相較於骨瘦如柴的卡夫卡，布魯諾的體型則比較壯碩。兩人的性格也完全相反。布魯諾從讀書時就擔任學生會會長，之後成爲大學教授，同時也是聲名遠播的律師，娶了家有礦產的巨賈之女，躋身億萬富翁，並藉由掌管岳父買下的報社跨足政界，最後當上某政黨的黨主席。

與卡夫卡有幾分神似的人物，過的卻是這樣的人生，讓人覺得有點不可思議。充滿行動力的卡夫卡與毫無行動力的卡夫卡，簡直是積極與消極的代名詞。

法蘭茲・卡夫卡在寫給戀人米蓮娜的信上曾經提到（信上的「你」指的是卡夫卡自己）：「你三十八歲，筋疲力盡，以你的年紀不可能這麼疲憊。說得精準一點，你內心滿是不安，不敢在這片處處陷阱的大地上踏出一步。所以你的雙腳總是懸浮在半空中，你不是累了，只是懼怕在這種極度不安後接踵而來的無盡疲憊。」

光是想要行動，就先被不安弄得心力交瘁；光是想到不行動就不會筋疲力盡，要是行動大概會筋疲力盡，就已經疲於奔命了。這就像去做一定會遭遇困難的工作時，光是想到大概不會成功，就會像已經失敗了那樣，萬念俱灰、提不起勁。

還沒做之前就想太多，會逐漸喪失付諸行動的力氣。

歌德——20

透過行動來了解自己

該怎麼做才能了解自己？
目不轉睛觀察只會徒勞無功，
唯有行動才能了解自己。
試著完成自己的義務吧，
這麼一來，很快就能明白自己具備什麼。

只不過，義務是什麼？
無非是眼前非做不可的事。

——《威廉・麥斯特的漫遊歲月》

卡夫卡——20

努力只會讓自己受傷

無數的利刃正要刺入我體內。
我努力想要揮開，
卻只是讓利刃刺得更深。

——給布羅德的信

透過行動來了解自己

我們都說「自己最了解自己」。可是一旦喪失記憶，就無法得知自己是什麼樣的人了。不只是名字或過去發生的事，說不定連自己有什麼樣的性格、能力都會忘記。

自己所認識的自己，是由自己過去的行爲，也就是「以前做過這種事」所積累下來的印象。因爲有打架贏過別人的記憶，就自認很強；因爲有吵架輸給別人的經驗，就自認很弱。沒有了這些記憶，下次吵架或打架時就不知道該要挺身迎戰，還是逃之夭夭。

換句話說，我們是透過經驗了解自己。正因如此，一旦從事新的工作，換了新的環境，認識陌生的人們，我們往往也會同時發現新的自己。

所以，如同歌德所說，即使目不轉睛地觀察、鑽牛角尖地左思右想，也無法了解自己。就像盯著尚未擲出的骰子，根本難以預測會擲出什麼數字，眞擲出去了才見分曉，唯有採取行動，才能稍微了解自己一些。

只不過，就以工作爲例，根據政府勞動部門的分類，光是在日本大約就有兩萬八千種職業，卽使爲了確認哪種工作比較適合自己，而想全部試過一遍，也幾乎是不可能的任務。

那該怎麼做呢？歌德認爲，要先從眼前非做不可的事做起。那可能是無聊的工作，也可能是繁雜的瑣事，但只要先做做看，就能比什麼都不做更了解自己一點；只要更了解自己一點，就能往前更進一步。詩人奧登也是這麼說的：「先行而後思。」

努力只會讓自己受傷

有些人一旦採取行動，無論如何都會受傷。有時候只是認知到自己容易受傷，就已經用盡所有氣力，再也無暇他顧。

也有人說「害怕受傷就什麼也做不了」，但是敢這麼說的人，通常是不會受傷，再不然就是傷得沒那麼重，或是傷口已經癒合的人。萬一傷口太深，難以癒合，就真的什麼也做不了，所以不可能不害怕。

有人天生就穿著防彈背心，有人則連一件蔽體的薄衣都沒有。有了防彈背心，或許就能衝進槍林彈雨，做好就算手腳受點傷也無所謂的心理準備；但在毫無防衛、赤身露體的狀態下向前猛衝，就可能被流彈射中，貫穿胸膛。

容易受傷的人，或許就像卡夫卡，覺得有很多尖銳的東西正朝著自己，只要稍微起心動念，那些東西就會刺向自己、傷害自己。不僅如此，光是要保護自己不受傷害，就先弄得遍體鱗傷，根本動彈不得。

如此容易受傷的卡夫卡，某天居然要負起管理石棉工廠的重責大任。那是父親與妹婿成立的工廠，卡夫卡只要在他們離開的兩週內代管，但對他而言，別說是透過新的經驗認識自己，他甚至想要自殺，這是他生命中最危險的一刻。「我一直站在窗邊，把身體貼在窗玻璃上，看見橋上收通行稅的男人，不時產生跳下去驚嚇他的衝動。」布羅德看到這封信，大驚失色，立刻趕到卡夫卡家，才沒有釀成憾事。

歌德——21

別坐在安樂椅上

我有一把安樂椅，
但我應該不太會用到它，也可能絕對不用，
安樂椅完全不適合我這種人。
房裡也沒有沙發，
我一直坐在老舊的木椅上。
一旦把舒適又有品味的家具擺在身邊，
會讓思考停頓，
使自己陷入人云亦云、得過且過的狀態。

——《歌德對話錄》

連起床都很吃力

人每天早上都起得了床，眞是驚人之舉，
必須靠自己單獨撐起這具身體！
這個時候，我都會看見趴在我身上的自己。
爲了盡可能撐起那具不聽使喚的屍體，
必須費盡九牛二虎之力。

——給米蓮娜的信

歌德——21

別坐在安樂椅上

人類最是好逸惡勞，能走就不跑，能站就不走，能坐就不站，能躺就不坐，既然要躺下，鬆軟的床鋪當然好過硬梆梆的床鋪。

然而，歌德卻刻意遠離安樂。

這是歌德八十一歲時說的話，就在他去世的前一年。即使到了舒適地坐在安樂椅上也無人可以置喙的年紀，歌德卻終其一生都坐在硬梆梆的椅子上。

不僅如此，歌德都是在「立桌」上寫作。

顧名思義，所謂的「立桌」就是站著使用的桌子。就連歌德口述、秘書筆記時，也是秘書坐在椅子上，歌德還是站著。

歌德就像在告訴世人，年紀輕輕就動輒想坐下，難以有所出息；尤其一心只想坐上既有扶手又有靠背的安樂椅，更可能荒廢一生。

歌德的房間十分簡單樸素。一般人都希望身邊滿是舒適又有品味的家具，認爲幸福就是能待在自己的房間裡，被喜歡的家具圍繞，愜意得不禁打起盹來。想必是歌德也抵擋不了鬆懈的誘惑，才把房間刻意打造成無法放鬆、逼自己努力的環境。

現在有些地方還買得到「立桌」，相對地，也出現了「躺著就能打電腦的桌子」，而且還不是給病人用的。

卡夫卡——21

連起床都很吃力

認爲每天早上都起得了床是驚人之舉，這樣的想法也很驚人。

聽起來像是什麼奇怪的靈異體驗，但我相信，意識到其實是自己阻止自己起床的人，應該不在少數。

卡夫卡就是這種人，光是散步也會變成一場騷動。

「每次想出門散步，就得先洗臉、梳頭，光是這樣就夠累人了，還要換衣、穿鞋、戴帽、拄手杖……想也知道，不是每樣東西都能準備周全。勉強走過兩三個路口可能還不成問題，通常就在走上車水馬龍的大道時，一切突然都亂了套。衣服鞋帽破碎成片，被風吹走，一絲不掛站在原地。要這樣衝回家簡直是一種折磨！人一旦走上大道，就會面臨毀滅，讓自己與世界蒙羞。」（給米蓮娜的信）

想當然耳，衣服、鞋帽及手杖不可能突然支離破碎，眞的一絲不掛走在馬路上。卡夫卡很喜歡散步，幾乎每天都要散步，所以這並非事實，只是比喻，但也忠實展現出卡夫卡眞正的感受。

出一趟門就麻煩至極，各種枝微末節令人疲於奔命。擔心會在人群中丟臉，實際上也眞的出了醜落荒而逃，覺得不只害了自己，甚至讓整個世界蒙羞。懂得的人，大概都能明白這種滋味。

表現堅決態度

怯懦的想法、不安的迷惘，
軟弱的猶豫、憂心的嘆息，
這些都無法改變什麼，
只會讓你進退維谷。

勇於面對所有壓迫你的勢力，
絕不屈服，奮力抵抗。
這麼一來，就能得助於眾神之力！

——歌唱劇《紫羅蘭》

只想躲在家裡

倘若我有所謂的將來，
或許只要把自己交給命運。
不是因爲相信自己的將來，才緊抓住這樣的法則，
我認爲將來根本不存在。
只是，認爲將來存在，會活得輕鬆一些。
一如往常地走路、更衣、沐浴、讀書，
尤其是躲在家中最爲自在，也不需要任何勇氣。
一旦出門做了其他事，狀況總會失去控制。

——日記

表現堅決態度

歌德死後，他說的話仍繼續傳頌，繼續影響後世的人們。

某位父親很喜歡歌德的這段話，經常掛在嘴邊。尤其是「勇於面對所有壓迫你的勢力」這一句，他的孩子們也已聽得倒背如流，只要父親一說「所有」，就會立刻接腔。

然而，當兒子漢斯長成青年，卻贊同納粹復興經濟的理念，自願加入希特勒青年團（納粹的青少年教化組織），女兒蘇菲也加入德國少女聯盟（納粹的女性組織）。

父親反對納粹，孩子卻無條件地支持納粹。

只是，在長大成人的過程中，漢斯與蘇菲也逐漸對納粹產生疑問，爲了自己的所作所爲飽受折磨。

終於，兩人開始從事非暴力主義的反納粹運動。

他們就是知名的「白玫瑰抵抗運動」核心成員——漢斯．索爾與蘇菲．索爾兄妹。

蘇菲曾寫過一封信：

「我也經常想要投降，是『勇於面對所有壓迫你的勢力』這句話支撐著我。」

漢斯被納粹處刑前，則用鉛筆在獨居房的白牆上寫下：

「勇於面對所有壓迫你的勢力。」

歌德那段話的前半部，彷彿是在譴責卡夫卡。想法怯懦、迷惘不安，軟弱猶豫、憂心嘆息，確實無法改變什麼，只會讓人進退維谷。

但卡夫卡顯然不想改變自己，也不想採取行動。

倘若自己命中註定要結婚，對象遲早會出現。

倘若自己命中註定要成功，機會遲早會來臨。

倘若這就是自己的命運，一切遲早都會水到渠成。

所以只要照常過現在的生活就好了。

應該不少人都有這種想法。內心深處雖然也隱約覺得「這種想法很奇怪」、「不能再這樣下去了」，卻又得過且過地不想深入思考，就這麼日復一日地拖延下去。偶爾試著努力一下，卻又無法盡如人意，開始覺得「這不是我該做的事吧?」因而失去幹勁。

年輕時如此生活還算輕鬆愜意，而且不知怎麼地，這樣的人看來總是比較年輕，就像從未騎出門，只是放在屋裡當擺飾的腳踏車，永遠光亮如新。卡夫卡也很在意自己看起來比實際年齡更小。

「我大概永遠都做不了成熟的男人，長到四十歲還是一張娃娃臉，然後一口氣變成白髮蒼蒼的老人。」（對布羅德說的話）這是卡夫卡二十多歲時說的話，但他真的直到四十歲看來都還很年輕，然後就去世了，而且死後才聲名大噪。這也是命運的安排嗎?

歌德——23

有心就辦得到

每個人的身上，
都有把確信且該做的事
貫徹到底的能力。

——《格言與反省》

卡夫卡——23

只在心裡空想

巨人阿特拉斯如是想：
「如果不願這麼做，
只要拋開背上的地球，
偷偷逃走就好了。」
但他也只能空想，
不被允許做出更多舉動。

——八開筆記本

有心就辦得到

「早知道學生時代應該更用功一點，可惜已經太遲了。」「轉眼間就上了年紀，還有很多想做的事，爲時已晚。」「沒辦法，體力已經大不如前。」

人們常會有這樣的想法，不只是老了才如此，有些人從二十幾歲起就有「要是我才十幾歲一定辦得到，可惜已經太遲了」的念頭。

歌德卻說，「每個人的身上，都有把確信且該做的事貫徹到底的能力。」或許正因爲相信，力量才能施展；只要有無論如何都想達成的執著，就連壽命都會延長。

歌德晚年時大病過幾次，也曾經差點放棄，認爲這就是自己的命運。七十四歲時被十九歲的少女烏爾麗克拒絕後，他也因傷心欲絕而病倒，但還是挺過難關，進而完成了《威廉·麥斯特的漫遊歲月》及《浮士德第二部》等長篇鉅著。

即使活力充沛如歌德，到了七十九歲時，也說自己一天所寫的字數用掌心就能遮住。但他還是在一八三一年八月中旬，也就是八十二歲生日前夕完成《浮士德第二部》，並且封印手寫的原稿，仍然保有過人的體力。

歌德告訴他的秘書愛克爾曼：「我接下來所活的壽命，都是多得的收益。」能說出這種話的人確實很幸福，表示他想做的事都已經完成了。

隔年一月，歌德解開《浮士德第二部》的封印，又修改了一下，然後於三月二十二日，坐在那張他聲稱「也可能絕對不用」的安樂椅上，溘然長逝。

阿特拉斯是希臘神話中的擎天神，是個背著地球的巨人。這項任務使阿特拉斯痛苦萬分，但又不能拋下地球。

每個人大概都有過「想拋開一切逃走」的念頭，想拋開工作、家人、一切的一切，逃到某個地方，但又做不到，難以輕易放下，所以只能在腦海中想像，無法付諸實行。

卡夫卡很喜歡空想，宣稱「總有一天要這麼做」，但終究也只是當成夢想，不打算採取行動，雖然這份心意也是眞實的。

他曾經跟朋友說過，想打造一個社交場所，任何人都能隨時自由來去，一定會受到歡迎，而且不需對他人有所顧慮。朋友後來還說笑寫道，「最早想出咖啡館這個主意的人，其實是卡夫卡吧。」

他也說過想開小酒館、想當服務生，理由是可以觀察別人，別人卻不會觀察他。

他經常約朋友去義大利、去瑞士旅行，當然都沒有眞的成行。

他也曾逢人就說起想搬到巴勒斯坦，想在那裡開印刷廠的夢想。

因爲他說得很認眞，對方也當眞了，約他一起去巴勒斯坦，卻被卡夫卡鄭重拒絕。

有人像歌德那樣，想做什麼就能起身行動；也有人像卡夫卡這樣，只在心裡空想。

對話6

生而喜悅

Johann Wolfgang von Goethe

活得艱辛

Franz Kafka

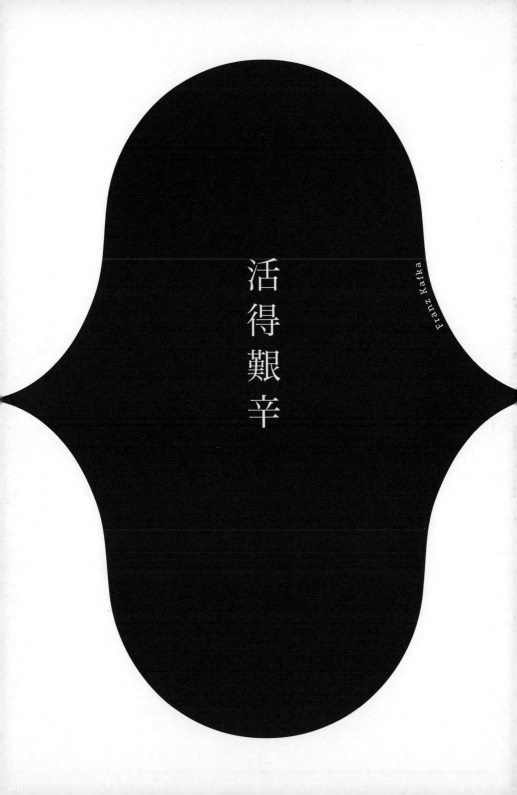

歌德——24

活得神采奕奕

人生在世，請活得神采奕奕！

——《浮士德》未發表片段

卡夫卡——24

靜靜待在角落

我應該安安靜靜地待著吧。動也不動躲在某個角落，光是能呼吸就該滿足。

——日記

活得神采奕奕

這句話出自魔鬼梅菲斯特之口，當時他正打算奪走死人的靈魂。雖是魔鬼卻說了一句好話，而且一點也沒錯，難得活著，當然要活得神采奕奕。這大概也是歌德的想法，他確實是個活得光采奪目，充分享受生之喜悅的人。歌德是努力的行動派，精通各項學問、留下無數鉅著，看起來似乎無暇玩樂，事實上，歌德過得十分盡興，飲酒、作樂、戀愛，也曾經狠狠被拋棄。

在德國萊比錫，至今仍有一家創業於一五二五年，名爲 Auerbachs Keller 的老字號酒館，是歌德大學時流連忘返的地方。萊比錫的中央市集廣場則豎立著歌德大學生模樣的雕像，視線不偏不倚地望向萊比錫大學，腳尖卻朝向那間酒館，可說是「身體比心更誠實」的最佳寫照。

在歌德的小說《威廉．麥斯特的漫遊歲月》裡有一個小故事。幾個大學生結伴旅行，與一位非常高貴的紳士同住一間旅館，其中一個學生提議：「來賭賭看如何，我能不能捏到那位紳士的鼻子？」大家都賭他辦不到，提出賭局的男學生則假扮成理容師，爲高貴的紳士刮鬍子。假藉爲了把鬍子刮乾淨而碰到鼻子，是再自然不過的動作，那個學生不動聲色地捏住紳士的鼻子，贏得所有賭金。

這是個有點類似一休和尚的機智小故事，也有些著作主張，提出這個賭局的就是歌德本人。歌德經常把自己的體驗寫進作品中，所以這也不無可能。總而言之，這個故事確實很有歌德率直爽朗的風格。

卡夫卡光是過普通的日常生活就已經很吃力，「尋常」是他可望而不可即的奢求。

卡夫卡的戀人米蓮娜曾寫過她與卡夫卡一起去郵局時發生的事。

當時卡夫卡寫完電報，但不知該交給哪個窗口。這不是因爲「他不知道哪一個是發電報的窗口」，有好幾個窗口都能受理，卡夫卡卻非常猶豫，原本排在這個窗口，後來又跑去排另一個。有人會對他的舉動有所共鳴，也有人不懂這是什麼意思。米蓮娜則說她「完全不曉得這是爲什麼，也不理解他想幹什麼」。

卡夫卡一直在窗口走來走去，好不容易發出電報，付完錢，也拿回找零的錢，仔細地數了數，發現多了一克朗，便把這一克朗還給窗口的女職員。

然後，他慢吞吞地離開郵局，又重新數了一遍零錢。走到門口的最後一級台階時，他才發現還給女職員的那一克朗果然是自己算錯了。

卡夫卡站在台階上，動彈不得。米蓮娜說：「算了吧。」卡夫卡卻大驚失色，質問她怎麼可以算了，然後針對那一克朗的問題發表長篇大論。往後不管到了哪家店、去了哪間餐廳，就連施捨給路邊的窮人時，他也會舊事重提。

「他不是捨不得那一克朗。」米蓮娜形容卡夫卡是就算跟他要兩萬克朗，他也會很樂意掏出錢來的人，但「如果跟他要兩萬零一克朗……他大概眞的會傷透腦筋。」

看到卡夫卡的模樣，米蓮娜說：「法蘭茲無法生存。法蘭茲沒有生存的能力。」

歌德——25

痛苦過後就是甜美

品嚐痛苦留下來的滋味！
苦澀一旦過去，就會變成甜美。

——〈格言詩〉

卡夫卡——25

痛苦過後留下創傷

以前，
當痛苦過去，
我就會感到幸福。
如今，
隨著痛苦減輕，
反而留下苦澀的情緒。

——日記

痛苦過後就是甜美

痛苦會在何時與幸福有所連結呢？通常會想到的情況有兩種。

首先是發現「沒有痛苦是多麼幸福」的情況。以肚子痛爲例，如果痛到汗流浹背，滿腦子只有「腹痛如絞」的感覺，被逼得只想說「上帝啊！如果能讓疼痛消失，我願意付出一切代價」，一旦疼痛退去，感受到的就是無可言喻的幸福。走出戶外看見綠意盎然的樹木，會不禁讚嘆眞是美不勝收！會覺得所有的葉片、從樹蔭間篩落的陽光，都宛如天使一般。

另一種情況，則是感受隨著「時間經過」而轉變，如同原本苦澀的果實一旦成熟，就會變得甘甜。卽使是痛苦到想自殺的失戀，事過境遷再回顧，終將成爲年少歲月中不可磨滅的一頁，比起空白一片的青春，有點酸楚的回憶還更令人欣慰。

歌德曾經這麼形容自己從前的畫作：「卽使平凡無奇的花草，都是一頁頁令人懷念的日記，讓我們想起每個幸福的瞬間。所以一草一木皆有意義，我無法輕易丟棄自己各個時期所描繪的作品。憶起往事，偶爾也會傷懷，但內心終究還是滿懷喜悅。這些畫作都能把我帶回那些往日時光。」（自傳《詩與眞實》）

當我們年華老去，躺在床上動彈不得，哪一段回憶會是我們心靈的支撐呢？卽使只要想起就會淚流不止，但能擁有這樣的回憶，就是生命中最有力的支柱。

「美好的回憶、甜蜜的回憶，都是藏在內心最深處的生命印記。」（〈格言詩〉）

痛苦過後留下創傷

「以前，當痛苦過去，我就會感到幸福。」

這句話幾乎和歌德說的如出一轍。

可是「如今，隨著痛苦減輕，反而留下苦澀的情緒。」

卡夫卡還說過這樣的話：

「如果什麼事都沒發生，還能勉強活著，可是一旦觸及創傷，又會退回原本毀天滅地的痛苦。並不是往昔的體驗再一次活生生地復甦，過去的確實過去了，但擱淺的苦痛留下了傷痕累累的水道，乘載全新痛苦的船隻則在水面上來來往往地航行，跟最初一樣可怕。加上現在的抵抗力更弱了，所以更爲可怕。」（給未婚妻茱莉的姊妹的信）

卡夫卡還是一如既往，即使面對未婚妻的家人，仍舊把自己貶低得一文不值。

然而，這不也生動地說明了何謂心靈創傷嗎？確實已是舊傷，卻留下了水道般的痕跡，讓新生的創口化爲船隻，在其上來往航行。大概只有眞正受過傷的人，才能做出這樣的比喻。

對卡夫卡而言，回憶就像尚未成熟就已腐爛的果實，永遠無法轉化成甜美的滋味。

「我現在三十七歲，再過不久就是三十八歲。……回憶層層疊疊形成蓊鬱陰沉的森林，令我深感恐懼。我像孩子般膽怯，卻又無法像孩子般輕易遺忘。」（給米蓮娜的信）

歌德——26

快樂起來吧！

喂！別再哭哭啼啼了。
因爲最糟糕的一天結束後，
又能快樂地享受人生了。

——《溫和的贈辭》

卡夫卡——26

快樂是什麼？

有一件事我不太懂，
人類是怎麼發現「快樂」這個概念？
再怎麼看來，
人類都只是創造出一個悲傷的反義詞。

——給米蓮娜的信

快樂起來吧！

如果是歌德，大概會對卡夫卡這麼說吧。

之後會再提到，歌德也數度經歷過「最糟糕的一天」，不僅淚流滿面，還曾因悲痛欲絕而吐血。

儘管如此，歌德還是想快樂地活著。

歌德還說過許多與快樂有關的話語。

「我的血液因爲愛與激情、葡萄酒與舞蹈而沸騰。」

「早、中、晚不間斷地彈奏音樂，我們年輕人幾乎無暇入眠。」

「我通常都在清晨寫作。但就算是晚上，不，即使是三更半夜，只要有酒與社交使我心情亢奮，我就能文思泉湧，下筆有如神助。」（以上節錄自自傳《詩與真實》）

「快樂的人隨時都能得救，因爲快樂的人會幫助快樂的人。」（詩作〈來喝酒吧〉）

「快樂的老人啊，沒什麼好發愁。就算頭髮斑白，還是可以戀愛。」（詩作〈現象〉）

卡夫卡——26

快樂是什麼？

世上根本沒有「快樂」，只有「悲傷」。「快樂」是人類爲「悲傷」硬是發想出來的反義詞。也因此，人類就算能悲傷，也無法快樂。

卡夫卡原本就討厭喧鬧，尤其忍受不了噪音。

「眞希望大量的噪音都能從世上消失。」（給朋友的信）

即使是很細微的聲響，聽在卡夫卡的耳裡還是噪音。

「我的耳朵被不安磨得極爲敏感，如今已不會錯過任何聲響。就連牙科技師發出的聲音都聽得見，明明我們之間隔著四扇窗戶與一層樓。」（給布羅德的信）

原本打算落腳靜養的村裡來了一大群孩子，也令他不勝其擾。

「前幾天從布拉格來了將近兩百個小孩，住在村子裡，吵鬧得有如地獄，簡直是對人類的酷刑。我無法理解村裡的人受到這般驚嚇，怎麼能不發瘋失控，衝出家門，逃進森林。」（給布羅德的信）

那麼，安靜下來之後，是否就能安心呢？卡夫卡的答案是……

「稍微安靜一點了。安靜是多麼珍貴的寶藏啊。然而，才覺得總算安靜一點，又變得太安靜了。」（日記）

安靜也不高興，想必有人無法理解這傢伙到底想怎麼樣吧。不是嫌太吵，就是嫌太靜，卡夫卡找不到兩者之間的平衡點。

歌德——27

為別人著想

接觸到別人的善意，並爲之欣喜，

是一個人最神采飛揚的時候。

——《格言與反省》

卡夫卡——27

為弱者著想

我特別想照顧芍藥，
因爲芍藥很柔弱。

——對話手札

為別人著想

世上有不少留下豐功偉業的天才，都是非常自我中心的利己主義者。有的人正是因爲這樣的性格，才能創造非凡的成就。

但歌德不是這樣的人。他悲天憫人，所以熱愛與人交流、喜歡逗人開心。

「要滿足自己很難，所以滿足他人反而更容易讓心情得到撫慰。」（《格言與反省》）

不管做什麼，自己都會產生「早知道就這麼做」或「這個地方做得不好」的各種抱怨。但如果這樣做能讓別人高興，自己也會非常開心。例如爲家人做飯，即使覺得自己的廚藝還有進步空間，只要家人吃得眉開眼笑，就會欣喜愉快。讓別人開心，也是最能取悅自己的事。

歌德是個溫柔的人，總覺得自己能爲人們做些什麼。

「人要有志氣！要善良，要慈悲！」（詩作〈神聖〉）

有一種說法稱爲「好意的互惠性」，意指接受別人的好意，自己也會想釋出善意。倘若對方朝自己微笑，自己大概也會不由自主地微笑回應。就算只是幫忙撿起掉落的東西，指點路該怎麼走這種微不足道的小事，倘若對方態度親切，自己也會很開心。或許正如歌德所說，會因此變得神采飛揚。

藉由向別人釋出善意，歌德也得到別人的善意，活得更加神采飛揚。

卡夫卡也很善良，這與歌德無異。只不過他的善良是獻給更弱小的生物，而非只給人類。例如動物，尤其是小動物，抑或植物，還不是高壯的植物，而是柔弱的植物。

「把花插進花瓶時，該怎麼小心翼翼，才不至於壓到最下面的花呢。」（對話手札）

正因爲自己活得無比艱辛，才能對同樣活得無比艱辛的事物溫柔以待。

如果對象是人類，卡夫卡對待弱者，例如哭泣的孩子，也會格外溫柔。

有一天，卡夫卡和戀人朵拉一起去公園散步，遇見一個少女弄丟了洋娃娃而傷心哭泣。卡夫卡對少女說：「你的洋娃娃只是出門旅行去了。」

從隔天起，卡夫卡每天都佯裝是出門旅行的洋娃娃寫信給少女。

卡夫卡當時已經病得很重，只剩下不到一年的生命。但是根據朵拉的轉述，他寫信時就跟寫小說一樣認眞。

洋娃娃在旅途中經歷各種奇異的冒險，卡夫卡連續寫了三週的信，不知該寫成什麼結局，爲此相當煩惱。洋娃娃長大了，遇見許多人，最後在遙遠的國度結婚，過著幸福快樂的日子。少女終於接受再也見不到洋娃娃的事實。

（也有一個說法是卡夫卡最後給了少女另一個洋娃娃，告訴她：「旅行回來跟以前不太一樣了。」但這是布羅德聽朵拉述說這個故事時，不小心誤會了而寫進書裡。）

卡夫卡寫給少女的信至今尚未尋獲，否則眞想拜讀他所寫的唯一一個童話故事。

對話7

工作有意義

Johann Wolfgang von Goethe

工作很痛苦

Franz Kafka

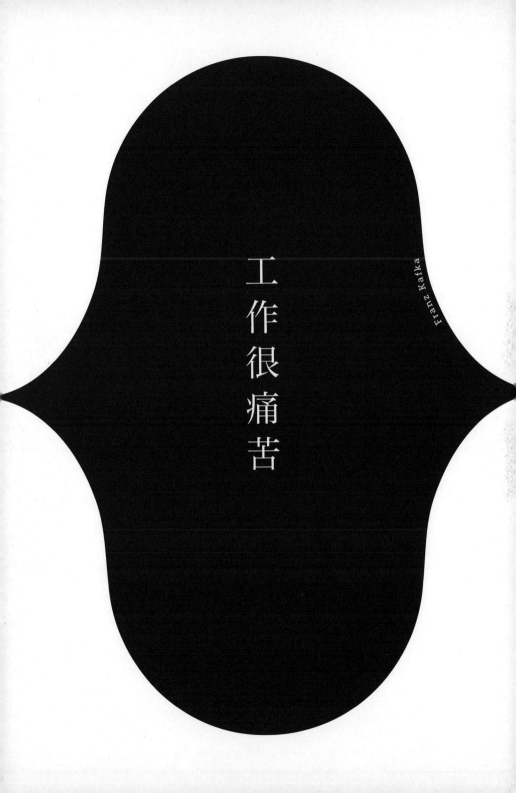

歌德——28

不想做的工作也能帶來收穫

因爲工作而無法寫作，
會這麼說、爲我擔心的朋友，
都只看見我爲工作所做的犧牲，
沒看見我從中得到的收穫。
不知道我每天的付出，
都讓我更爲豐盈。

——給母親的信

卡夫卡——28

不想做的工作只會造成損失

我大概無法靠寫作生活吧，
所以我成了社會保險局的公務員。
但我根本無法兼顧這兩項職業，
這邊小小的幸福，將成爲另一邊大大的不幸。
某天夜晚，當我寫出滿意的作品，
心情激動，隔天進辦公室就什麼都做不好。
這種兩邊難以兼顧的狀況愈發嚴重，
我看似在公家單位履行自己的義務，
但那只是表面工夫。
未及完成的義務變成不幸，始終殘留在我心裡。

——日記

不想做的工作也能帶來收穫

如果是歌德這樣的文豪，想必只靠寫作的收入就能過著錦衣玉食的生活。

然而，事實並非如此。

歌德二十五歲時出版了《少年維特的煩惱》成為暢銷書，不僅在德國大受歡迎，還翻譯成各國語言，風行全歐，甚至連中國都有譯本。

如果是現在，收取版稅大概就能成為億萬富翁，可是當時的作者並無法因此賺得豐厚收入，要靠寫作維生實屬不易。歌德的家境富裕，不必工作也能生活。事實上，歌德的父親就沒有工作，只是他稱不上幸福。

有一天，威瑪公國的年輕國王卡爾·奧古斯特公爵在旅行途中前去拜訪歌德。當時的德國分成好幾個小國，威瑪公國便是其中之一。兩人相談甚歡，奧古斯特邀請歌德到威瑪公國，希望與他共同建立理想的國家。

歌德接受了他的邀請，這是他人生中的一大轉機。

歌德到威瑪後，為政務忙得不可開交，幾乎無暇發表文學作品，這段空白期居然長達十年。《少年維特的煩惱》締造眾所矚目的佳績，大家都在期待他的下一部作品，歌德卻像一閃而逝的流星，逐漸被世人遺忘。

故鄉的朋友很擔心他，歌德的母親還寫信給他，勸兒子回家。這段話就是歌德給母親的回答，而他也沒有返回故鄉法蘭克福。

不想做的工作只會造成損失

卡夫卡家裡也很富裕，但還不足以讓他不工作只玩樂。而且，卡夫卡的父親不准他遊手好閒，他自己也想獨立。

卡夫卡起初想進布拉格大學研究哲學，這是離賺錢最遙遠的領域，或許也是爲了反抗希望兒子利用學問取得財富及社會地位的父親。後來他又想攻讀化學，也去上了德國文學課，卻對教學的教授失望透頂，還想搬到慕尼黑修習德國文學，做了各種嘗試。

最後他終於放棄，主修原本嗤之以鼻的法律。對法律嗤之以鼻，是因爲這等於順從他父親及社會大眾都認爲「當醫生或律師比較好」的想法。

「我其實沒有選擇職業的自由。」（給父親的信）

卡夫卡屢次陷入精神上的危機，最後總算取得法學博士學位。

布羅德寫過這麼一句話：「不得不開始尋找『爲求餬口的工作』時，卡夫卡立下了『職業與文學創作必須毫無關連』的方針。」

無法靠喜歡做的事求得溫飽時，到底要找盡量相近的工作，還是選擇毫不相干的工作，是許多人都要面對的問題。卡夫卡的答案是後者，這也顯現出他的純粹。

結果卻如卡夫卡所寫，兩者不僅無法兼顧，還互相干擾。布羅德也曾懷疑卡夫卡的方針是不是錯了。不過我完全無法想像卡夫卡寫出「賣錢的文章」，也不敢想像那會帶來多麼惡劣的影響。唯一能確定的是，卡夫卡不適合爲求餬口的工作。

歌德——29

最好別遊手好閒

工作的重擔是好東西。
擺脫這個重擔時，
心靈會變得更自由，人生也會更快樂。
不必工作、只需輕鬆度日的人最爲悲慘，
上天再多的眷顧，對他們來說，都只是增添不快。

——日記

卡夫卡——29

最好能辭掉工作

如果能暫時離開事務所，
想必會樂不可支吧，
腦袋也會前所未有的神清氣爽。
工作幾乎都已處理完畢、收拾乾淨。
要是能這樣永遠不必再回來，
我很樂意在認真工作後再做點什麼。
例如跪在地上仔細擦拭，
從閣樓到地下室的所有階梯。
懷著感謝的心，以這種方式告別每一層階梯。

——給布羅德的信

最好別遊手好閒

逃避壓力、躲在房裡，一旦習慣輕鬆安逸的生活，就算聽說「出去會有好事」，而且真的發生好事，反而也會覺得厭煩或不快。

另一方面，始終處於這樣的狀態是否幸福也很難說，即使起初很幸福，也會漸漸感到不幸。以人類心理而言，若是過著一成不變的生活，幸福指數就會慢慢下降。

工作有其艱難的一面，但也因爲有這些痛苦經歷，才能打開幸福的雷達。如果一直躺在床上，久了也會腰酸背痛；要是不眠不休工作，好不容易可以躺下，才會覺得快樂輕鬆。

有苦有樂、高低起伏的生活，或許才是最自然、最理想的狀態。

「宣稱自己很自由的瞬間，人就會開始覺得受限。反而是宣稱自己被制約時，才能領受自由。」（《格言與反省》）

歌德的父親反對他去威瑪。因爲威瑪公國既小又窮，人口只有六千人，被大火燒得寸草不生，財政也有困難，與歌德居住的大都市法蘭克福完全不同，父親希望他留在故鄉從政當官。但歌德還是決定前往，認爲正因威瑪小國寡民，才能發揮自己的實力。

二十六歲的歌德來到威瑪，參與了許多公共事務，諸如財政、外交、農業、公共事業、產業振興、礦山開發、煤礦重啟、森林管理、軍備縮編等，從消防法規到當鋪條例一手包辦，還會親自前往火災現場，站在第一線指揮救火，果眞忙得不可開交。

最好能辭掉工作

這是卡夫卡放假前往瑪麗亞溫泉療養區時寫的信，當時他非常開心。

每天上班時，我們都想著要是能辭去這份工作不曉得有多痛快，但為了生活又不能辭職。卡夫卡也是這種人，對他而言，工作只有悲慘可言。

「說穿了，我最大的願望就是辭職。」（給出版社的信）

難道卡夫卡任職的「勞工災害保險協會」是那麼不人性的企業嗎？正好相反，這是半官方半民營的機構，上班時間為上午八點到下午兩點，只要上「半天班」。卡夫卡很受主管照顧，也與同事相處融洽，還一帆風順升了官。

工作的內容也很適合卡夫卡，主管十分滿意他的工作態度，於是提拔他擔任「預防災害對策開發部門」的負責人，任務是設法別讓勞工受傷。對於一點小事就鑽牛角尖，極為體恤弱者的卡夫卡而言，這簡直是他的天職。卡夫卡找到製材機械老是發生切斷手指或手臂意外的問題出在哪裡，針對可能發生的意外防範於未然。另外，雖然尚未經過核實，但管理學之父杜拉克的著作《下一個社會》指出，發明安全帽的人也是卡夫卡，託他的福，製鐵廠的職災死亡率因此降低。

第一次世界大戰爆發時，也因為工作單位需要卡夫卡，而為他免除了兵役。

看在長久做著不適合自己的工作，還得不到肯定的人眼中，卡夫卡其實得天獨厚到令人嫉妒的程度。但對他而言，工作除了痛苦，什麼都不是。

「我大概正拖著自己的身體，爬上由薪水疊起的梯子，日復一日、年復一年。在我還能承受的時候，變成愈來愈悲哀、愈來愈孤獨的人。」（日記）

歌德——30

認真工作，大膽期待

為工作盡心盡力的人啊，
你們大可期待
即將得到的收穫。

——《威廉·麥斯特的漫遊歲月》

卡夫卡——30

快被領帶勒得窒息

熱烈討論著如何得到人生必要之物的人，
我大概不會選擇他們那種生活方式。
我詛咒快被領帶勒得窒息的自己，
同情這樣的自己，在霧裡不住張嘴喘氣。

——日記

認真工作，大膽期待

歌德說：「我很喜歡看到為工作冒險犯難且順利成功的人們，那幸福洋溢的模樣。看到平安返航的船、滿載而歸的船，最是令人欣喜。尤其是撐過船上匱乏日子的船員，在船尚未確實停靠，就迫不及待跳上岸、重獲自由的模樣，以及他們把從迷茫大海中捕撈的漁獲送上安穩陸地的模樣。不見得是親朋好友或認識的人，即便是毫無關係的旁觀者，都會被眼前充滿喜悅的景象深深吸引。利潤及賺頭不再只是冷冰冰的數字。幸福是行動家的女神，若真想受女神眷顧，自己也得好好生活，也得好好觀察戮力以赴，用全身心體會這份喜悅的人們。」（《威廉．麥斯特的學徒歲月》）

只可惜，即使是這麼積極向前的歌德，在威瑪冒險犯難、勇於挑戰的嘗試，也未必都能一帆風順。這是政治工作常有的問題，怪異的束縛、繁瑣的手續、複雜的組織，重視利益更勝於理想的人，看不到將來、只在乎眼前的人……

明明都已經放下寫作全力投入，還是有很多事做到一半便窒礙難行，就連歌德也感到力不從心。

就在此時，原本以為志同道合的卡爾．奧古斯特公爵，更做出了違背歌德理想的行為，令他大失所望，還氣壞了身體。

抵達威瑪的第十一年秋天，三十七歲的歌德瞞著所有人，在半夜三點悄悄離開了威瑪，前往義大利旅行，甚至沒有告知心愛的戀人，無異於人間蒸發。

快被領帶勒得窒息

卡夫卡沒有想買那個、想要這個、想住在好地方、想吃美食、想變成有錢人、想得到地位、想掌握權力的需求或欲望。

他完全不需要這些，所以也不想工作、不想被領帶勒得窒息，但又不得不工作。

卡夫卡大學畢業，還沒開始工作前，光是想像工作上可能發生的各種狀況，就已經累得不成人形，差點無法眞的去工作。

拖到沒有退路，好不容易開始求職，卻又處處碰壁。卡夫卡自己不想工作，企業也不想雇用他。因爲卡夫卡是不情不願地就讀法律系，成績自然也只是差強人意。

儘管是卡夫卡，也無法不著急，他於是靠伯父牽線勉強成爲一家民間「一般保險公司」的臨時雇員，被逼入困境的他對此感激不盡。

然而，這家「一般保險公司」的勞動條件非常苛刻，週休一日，每天上班十小時，不只平時要加班，假日也得去公司，而且沒有加班費，主管還對員工破口大罵，不許員工反抗，完全是軍事化管理。卡夫卡怎麼可能受得了，才工作幾週便叫苦連天。

「我們像牲畜般被逼著做事，但又不是眞的牲畜，才會疲於奔命。」（給戀人的信）

當時認爲換工作不是好事，這樣的人缺乏忍耐力與忠誠心，所以轉職很不容易。幸好十個月後，經由朋友父親的介紹，卡夫卡總算到了「勞工災害保險協會」上班。

卡夫卡想必鬆了一口氣，但也未因此就樂在工作，果然是卡夫卡。

歌德——31

工作是為了打開世界

你有無限的場域可以大顯身手。
我從現在就開始期待，
有朝一日能看見你
如何拓展自己的世界、
如何充實自己的生活。

——給尼斯．馮．埃森貝克的信

卡夫卡——31

工作是為了關上世界

寫作只是一時的行爲，
就像上吊前寫下遺書的人那樣。
——話雖如此，
其實會持續寫一輩子也說不定。

——給布羅德的信

工作是為了打開世界

埃森貝克是一位植物學家，與江戶時代來到長崎的德國醫師、博物學家西博德十分熟稔。這句話相當於是歌德自身的寫照。前往義大利時，歌德帶了許多寫到一半的原稿同行，在當地專心浸淫於久違的創作活動，並且深受刺激，恍然大悟文學創作才是自己應該投入的方向，他有能力拓展並充實這個世界。

拋下一切離開威瑪，看似違反歌德自己樂於接受工作重擔、頌揚凡事要全力以赴的言論，其實並非如此。歌德不會主張明知不可爲而爲之。「眞正有能之人會隨時提醒自己，若只爲了得到今天的評價而汲汲營營，無法爲日後帶來任何利益。」（《文學論》）該努力的時候就努力，對努力的結果抱著期待。該辭職的時候就辭職。

歌德晚年時曾說：「詩的冥想與創作是我眞正的幸福。然而，身爲首相的立場，使我的幸福受到莫大的干擾、限制與破壞！如果我能減少公務上的活動，過得孤獨一點，肯定會更加幸福吧。身爲詩人，肯定能完成更多創作吧。」（《歌德對話錄》）

這大概是歌德的肺腑之言，可是若問他後不後悔去威瑪，他應該也不會這麼想。歌德在義大利約莫待了兩年就返回，雖然不像從前那樣全心工作，但也直到六十五歲後才放下公務，而且終其一生都在威瑪度過。

在政壇的工作歷練，顯然對他寫作《浮士德第二部》很有幫助。

看在卡夫卡眼中，就連他最重視的文學創作也無異於上吊前的遺書。何況是爲求餬口的工作，更像是上吊時綁在腿部的重物。

卡夫卡之所以討厭公家機關的工作，是因爲這會干擾他寫小說。不過，對身爲小說家的卡夫卡而言，爲求餬口的工作眞的就只是一副枷鎖嗎？

卡夫卡選擇大學的主修科目時曾經遲疑許久，大學畢業開始求職前也是百般掙扎。明明不想當律師，仍去律師事務所實習；明明不想做公務員，又去地方法院當司法實習生，只爲了盡可能拖延正式投入職場的腳步。

然而，也不能無止盡地拖延下去，必須進入社會的時刻逐漸逼近。卡夫卡當時寫了一篇名爲〈鄉村婚禮籌備〉的未完成小說，其中首度出現了「躺在床上時變成蟲」的概念，並且在五年後的《變形記》中變得更加具體。如果沒有這段爲求職所苦的時期，或許就不會產生這個意象了。此外，卡夫卡如果不是上班族，沒有每天不情不願地去工作，大概也寫不出即使變成蟲還要去公司的《變形記》。

還有《審判》、《城堡》等作品中描述的公務員及公家機關，一提到卡夫卡，這些印象很容易就會浮現。如果不曾有公職經歷，這些形象想必也不會出現在他的作品裡。與歌德的狀況相同，即使是爲求餬口的工作，也對卡夫卡的創作有所助益。

更何況我們也很難想像，卡夫卡如果不工作，究竟會寫出什麼樣的作品。

對話 8

影響人

Johann Wolfgang von Goethe

害怕人

Franz Kafka

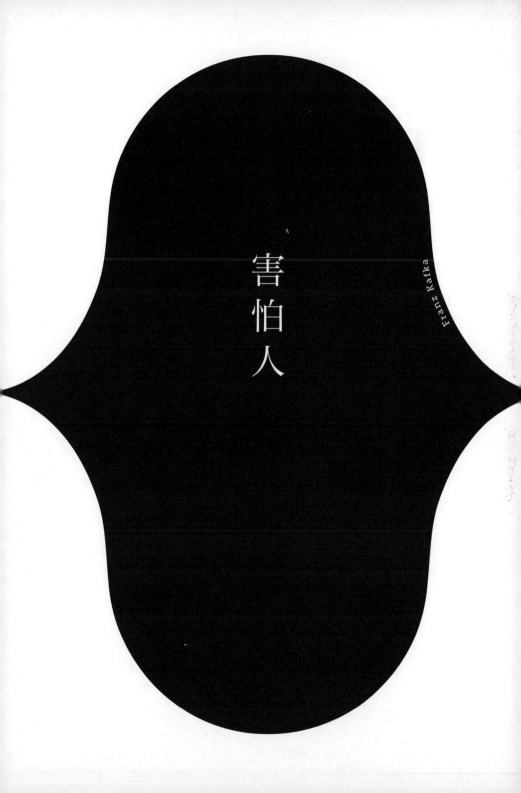

歌德——32

隨時都能迎接客人

不用那麼拘謹，
我們已經是朋友了，
只要你想來，隨時都歡迎。
那裡有扇窗戶，這裡也有門。

——《浮士德》

卡夫卡——32

害怕有人登門拜訪

只要一個人待著，我也活得下去。
可是，萬一有人來找我，
那簡直是要我的命。

——日記

今天有客人來訪，
是個很好、很有意思的人，
卻令我措手不及。
即使事先已約定來訪，我還是受到驚擾。
我無法應付這種突發狀況。

——給布羅德的信

隨時都能迎接客人

這是浮士德對梅菲斯特說的話，就連對魔鬼也敞開大門，歡迎他隨時來玩；說窗戶也好、門也罷，就連煙囪都可以讓他進來。

歌德本身也是這種歡迎大家來作客的性格。

「我喜歡與人交流，即使現在也不例外。」（《西東詩集》）

「如各位所知，我們家沒有一天不見旅人上門。」（《歌德對話錄》）

歌德熱愛社交，即使到了晚年，也爽快地接見從世界各地慕名造訪的人們。不只是歐洲，也有許多訪客從俄羅斯及美國遠道而來。

這其中有一部分的人，記下了與歌德相見的回憶，整理成《歌德對話錄》。這本書的對話數量多達六千句！厚厚五大冊，每冊有六百～七百頁不等，想不到歌德見過這麼多人、說過這麼多話。拿破崙、貝多芬、童話作者格林兄弟都見過他。

而且，歌德接見的對象並非只有名人。威瑪公國的參事官康塔在《歌德對話錄》中這麼寫著：「歌德很開朗，待人接物親切得令人驚喜。天氣好的時候，還會站在門口與路過的行人談笑風生。」

歌德身高一百八十七公分，身強體壯，長相也很俊美。只可惜上半身略長，頭因為太大經常找不到適合的帽子，鼻子也很大。大而圓的褐色瞳孔是他的特徵，直到晚年仍炯炯有神。他的明亮目光、風趣談話，讓所有見過他的人都為之傾倒。

害怕有人登門拜訪

星新一的極短篇小說集《有人叩門》，每一篇都是從「有人叩門……」開始；日本童話中也有很多從有人上門展開的故事。

光是有人找上門來，就是一種威脅。榮獲諾貝爾獎的劇作家哈洛・品特寫道：「有個男人在家裡，很快就會有人過來找他。男人在家裡等客人上門，不知道客人會讓他明白什麼，抑或是讓他迷惑而膽怯……男人獨自在家的狀態究竟會有什麼變化呢。……無論再怎麼期待，真到了登門拜訪那一刻，訪客幾乎都會意外地變成不速之客。」

卡夫卡說的害怕，應該就是這麼一回事吧。

就連在療養院相遇，卡夫卡還寫信鼓勵過的少女要來找他，他也拜託對方：「請不要突然上門，我無法承受突發狀況。就連此刻在牆上爬著的小蜘蛛，也會驚擾到我。所以請提早寫信告知，你什麼時候要來找我。」但就算寫信告知，他還是會驚惶失措。

卡夫卡也很怕別人邀請他去家裡。「要是他能默默離開，不要約我下次造訪他家，我會感激涕零地親吻他的腳。」「星期一必須去他家，害得我現在就開始頭痛。」（給米蓮娜的信）

就連好友布羅德約他去自己家，他也拒絕過好幾次。「不好意思，我今晚不能去找你。我頭痛、牙齒斷了、鬍子也刮不乾淨。」果然是卡夫卡會找的藉口。

有些人能讓自己成長

最好也要跟性格不合的人相處。
雖然需要自制力才能融洽來往，
但經此一役，
內心各層面都會受到刺激，
得以成長發展。
久而久之，
無論何等人物現身眼前，
都能與之分庭抗禮。

——《歌德對話錄》

卡夫卡——33

有些人會使自己軟弱

我跟別人說話的時候，
總會感受到他人無法置信的艱難。

——日記

人們的視線，
他們待在那裡，坐在那裡看著我，
這一切的一切，
對我來說都太過強烈了。

——給克洛普斯托克的信

有些人能讓自己成長

有一種說法是「找個可以當作疫苗的朋友」，這裡的疫苗是指刻意與微弱的細菌接觸，藉此提升抵抗強大細菌的免疫力。同樣的道理，刻意與不好相處的人做朋友，一旦遇到上司或結婚對象的父母、不想面對的人等性格強烈的人物時，也會增加抵抗力。

近年透過社群網站，可以更廣泛地找到志趣相投的人，也能與頻率不合的人輕鬆斷開聯繫。卽使是現實生活中的人際交往，也傾向於避開對自己無益的人、相處起來不愉快的人。例如有人只會拚命唱反調：「可是、不過……」；有人只會說喪氣話；也有不少人會以「和那種人交往對你沒好處」爲由，勸你和別人絕交。

問題是，如果永遠讓空調保持在舒適的溫度，對於冷、熱的適應能力會漸漸減弱，失去「涼快」或「暖和」的感受，變得動不動就「好熱！」到中暑，或者「好冷！」到感冒。甚至有人因爲工作而住在全天候維持恆溫的研究所裡，一辭職離開，不到幾個月就死去。舒適對人類來說，也是這麼危險。

歌德在斯特拉斯堡上大學時，認識了哲學者兼作家赫德，受到強烈的影響。赫德有其充滿攻擊性、惡意的一面，曾經嘲笑歌德，蔑視歌德愛讀的書，將歌德的作品批評得體無完膚。歌德也在自傳中寫道，「卽使是生命中最美好的日子，赫德也會讓自己與他人飽受折磨。」但是，歌德仍繼續與赫德結交，後來也請他去威瑪，爲他在教會安排威瑪轄區總監的職位。經由和這樣的人來往，歌德自稱「我現在能與任何人相處」、「我了解各式各樣的性格，也養成人生在世必要的能力」。

有些人會使自己軟弱

卡夫卡曾寫過「我不是討厭人」。雖然不討厭，但只要有人存在，就會讓他痛苦，視線讓他痛苦，若要交談更是苦上加苦。

先別提要跟各種人相處，就連跟覺得舒服的人相處，都需要拚命地努力。

想當然耳，卡夫卡跟人處不好，也無法融入周遭的環境，與大家有說有笑。儘管如此，旁人也沒有討厭他，眞是不可思議，原因之一大概是卡夫卡誠實的人格所致。

作家奧斯卡·寶慕說：「我忘不了第一次見到卡夫卡的事。」寶慕向他行禮問好的時候，額頭碰到了卡夫卡的髮絲，原來是卡夫卡也正在向他鞠躬。這讓寶慕很感動，因爲他是盲人。除了卡夫卡以外，從來沒有人默不作聲地向寶慕行禮，因爲就算這麼做，他也看不見。從此以後，兩人成了一生的知己好友。

卡夫卡也善於傾聽。或許有人想藉由傾聽克服不擅言詞的問題，但從以下的小故事來看，卡夫卡扮演聽衆並非基於這種投機的目的，而是發自內心想聽對方說話。

與卡夫卡住在同一個療養院，罹患慮病症的青年曾經感動萬分地告訴旁人：

「那個人都有聽我說話，聽我訴說生病的感受。我活到現在，從來沒有人像他那樣專注地聽我說話，從來沒有人像他那麼理解我受的苦。」

因爲這段話，克洛普斯托克才結識了卡夫卡，而且成爲目送卡夫卡嚥下最後一口氣的友人。

歌德——34

對人充滿興趣

人類才是人類最該感興趣的對象。

——《威廉・麥斯特的學徒歲月》

無法理解他人

絕望的寒冷。
與從前不同的表情。
難以理解的他人。
爲什麼其他人都跟我不一樣，
能這麼開心地聊天呢！

——日記

對人充滿興趣

歌德很喜歡聽人說話，尤其是在用餐時天南地北閒聊。他曾在暢談趣聞軼事的餐會後說道：「我們今天活得眞是盡興。」

歌德也喜歡講有趣的故事給人聽，在他的短篇小說裡有不少與知己談笑的描寫。

世上也有不知該怎麼聊天，而去上會話課的人，這種會話能力卻是歌德從小展露的天賦。他在自傳中寫道：「對我而言，和人愉快聊天是簡單的事，無需特別努力，也不覺得辛苦。因為這種談話的才能，我一直受到孩子喜愛，也會感動青年，並贏得大人的注目。」

稱讚自己到這種程度，眞令人瞠目結舌，而之所以不惹人生厭，無非因為他只是坦白地說出事實，這樣的不拘小節也是歌德的魅力所在。

另一方面，歌德的詩人好友席勒與人相處的習性則正好相反，反而更接近卡夫卡。歌德說過，席勒很排斥不認識的人來找他，即使約好幾點見面，也會隨著時間接近而逐漸不安起來，甚至還會因此生病。

歌德大概無法理解，席勒怎麼會如此害怕與人見面。儘管如此，歌德並未勸他「最好改掉這個壞毛病」，也不會建議他「這樣跟人相處比較好」，只是在一旁守護著他。

可見歌德對人充滿興趣，非常喜歡人類，就連與自己相反的人，也能成為知己。

無法理解他人

卡夫卡說自己無法理解他人，但是看在別人眼中，卡夫卡其實很善解人意。他的哲學家朋友費利克斯．韋爾奇說：「卡夫卡具有洞悉人性的獨到眼光，無論是誰，他都能看見那個人的長處，唯獨對自己毫不留情。」

並不是爲了討對方歡心，才刻意挖掘那個人的優點，始終貶低自己的卡夫卡一旦在別人身上看見自己沒有的優點，就會讚揚不已。

就連看到小孩跌倒再爬起來的模樣，他都能驚嘆：「怎麼會跌得那麼好看！怎麼會那麼好看地爬起來！」

這句話讓戀人朵拉印象深刻，認爲沒有人和他一樣。

即便是這樣的卡夫卡，也有怎麼樣都讚美不了對方的時候。朵拉記下了這件事（卡夫卡自己也曾在信上提及）。

有一天，卡夫卡的作家朋友法蘭茲．威爾佛來找他，朗讀自己最新的作品。兩人獨自關在房裡，聊了好長一段時間。最後，威爾佛卻是流著淚離開卡夫卡的家。

朵拉大驚失色，進屋裡一探究竟，只見卡夫卡垂頭喪氣地坐在椅子上，一再喃喃自語：「怎麼會發生這麼過分的事！」卡夫卡也哭了。

原來是無論卡夫卡再怎麼努力，都無法在威爾佛的作品中找到亮點。

由此可知，卡夫卡平常確實都只看見別人的優點，而且是眞心地讚美對方。

歌德——35

朋友的愛

陽光、空氣、朋友的愛！
光是能擁有這些，
就別再悶悶不樂了。

——造訪豐美的大自然時，用鉛筆在戶外木桌寫下的話

卡夫卡——35

無人相伴

我沒有半個朋友。
除了不安以外，
我身邊沒有半個人。
不安與我緊緊纏繞，
令我徹夜輾轉難眠。

——給米蓮娜的信

朋友的愛

「落語」（編註：日本傳統表演藝術，類似單口相聲）的段子故事裡，經常有那種喝斥一聲「天無絕人之路，還怕沒有飯吃！」，便離家出走、花天酒地的大少爺角色。而事實是，上天固然有好生之德，但食物不會從天而降，最後只能悲慘地挨餓。

歌德這句話也是一樣，「陽光與空氣」固然充滿每一個角落，「朋友的愛」卻並非唾手可得。但如果是深受眾人喜愛的歌德，應該不愁無人爲伴吧。

不過，確實有讀者在自己的人生只剩陽光、空氣和朋友的處境下，因爲歌德的作品而獲得了支撐心靈的力量。

有一本書名爲《達豪集中營的歌德》，作者是荷蘭人尼克．羅斯特，他因爲參加抵抗運動遭納粹逮捕，被關進位於德國達豪的納粹集中營。

羅斯特在集中營裡看了很多書。或許有人覺得，「這種時候還看書，太不知死活了吧！」其實絕非如此。儘管獄中的伙伴一一死去，飽受飢餓折磨，發生傳染病，還有炸彈掉落四周，他和獄友們仍繼續閱讀。囚犯能帶進獄中的書極其有限，有些書只存於自己的記憶，有些書則在別人的記憶裡，他們稱爲「腦中圖書館」。「以古典文學代替紅十字會的包裹。」他曾這麼說，「古典文學拯救了我們，讓我們變得堅強。」

我雖然沒待過集中營，但也曾親眼見證，文學作品對住院時遭逢生命危難的人們來說，是多麼重要的精神支柱。之所以寫下本書，也是基於這段體驗。

無人相伴

卡夫卡十四歲，還是完全中學（從十歲念到十八歲的學校）的學生時，曾在同學的畢業紀念冊寫下：「有人來，有人走，有人分離，當然也不免有人——永不再相見。」

這是卡夫卡現存文章中年代最久遠的一篇。雖然才十四歲，已經充滿了個人風格。其他學生寫的都是「願我們的友誼緣起不滅」之類的話，但卡夫卡說什麼都不肯寫下「即使分別，也一定會再相見」這樣的感想，不愧是卡夫卡，完全特立獨行。

卡夫卡對人際關係非常消極，說是性格孤僻也不爲過，但他還是有馬克斯・布羅德這個知己。布羅德帶著卡夫卡出席社交場合，把他介紹給眾人，卡夫卡能結交作家及哲學家朋友，都是拜布羅德所賜。

布羅德從學生時代就備受矚目，是當時的知名作家，性格開朗、擅於社交、廣結善緣，也很受女性青睞，常常一不小心就處處留情。

卡夫卡則是沒沒無名的上班族、受苦於人際關係，連結交女友也只想以書信交流，和布羅德可說是恰恰相反。既然如此，他們爲什麼能成爲莫逆之交呢？

布羅德四歲時生了一場大病，因此個頭小又駝背。雖然有這樣的身體障礙，他還是成爲一個開朗、積極、善良的人，卡夫卡或許是很尊敬這樣的布羅德也說不定。卡夫卡身高一百八十二公分，所以當兩人走在一起，就像七爺與八爺。

明明有布羅德這個好友，還說「我身邊沒有半個人」，不免讓人有點同情布羅德。但懷著無法與別人分享的不安，度過漫漫長夜時，任誰都會覺得全世界只剩下自己吧。

愛上孤獨

孤獨是美好的。
如果能淡定沉穩，活出自己的風格，
清楚知道該做什麼的話。

——給施泰因夫人的信

卡夫卡——36

對孤獨又愛又怕

孤獨是我唯一的目標，
最令我心醉神迷，
也爲我帶來無限可能。
儘管如此，
我對深愛的孤獨仍心生恐懼。

——給布羅德的信

愛上孤獨

歌德很喜歡和人見面、交談，但也為孤獨保留了一定的重量。

「我深刻地感受到，有時正因為處於孤獨的狀態，才能造就傑作。我那些受眾人喝采的作品，都是孤獨的產物。」（自傳《詩與真實》）

熱愛社交與喜歡孤獨並不矛盾。享受與人相處的時間，也享受自己獨處的時間，或許才是理想、平衡的生活方式。

只不過，人們通常都認為孤獨是很寂寞的事，會為此苦不堪言，但歌德並非如此。

「再也沒有比撥開完全陌生的人潮往前走，更讓人覺得孤獨的時刻了。」（《義大利遊記》）只看這句話，可能會解讀為「明明有這麼多人，自己卻孑然一身，反而更感孤獨」，也就是所謂「眾聲喧囂下的孤獨」。

然而，這其實是一句歡喜的話。歌德離開威瑪、前往義大利時，感受到前所未有的自由，因為義大利沒有人認識他。這和名人到沒人認識自己的地方旅行一樣輕鬆自在，是身邊始終圍繞著人群的歌德才能體會的感受。

孤獨有三個階段，分別是——一個人的寂寞，亦即最單純的孤獨；明明身邊有許多人，卻無法相互理解的孤獨；對別人感到絕望，最深刻的孤獨。

歌德好像與這三個階段的孤獨都無緣。

對孤獨又愛又怕

卡夫卡追求孤獨。「我喜歡孤獨，愈孤獨愈好。」（日記）

卡夫卡害怕孤獨。「今天下午，我刻骨銘心地感受到孤獨帶來的苦痛，發現自己的精力都被孤獨消耗殆盡。」（日記）

追求孤獨，同時又害怕孤獨，完全是自相矛盾的兩件事。布羅德也寫道：「對孤獨的嚮往，以及想與他人共處的心情，這兩種相反的傾向在卡夫卡的內心交戰不休。」

不管怎樣，邀請朋友到自己療養的鄉間，一旦朋友眞的要來了，卡夫卡又說：「我現在衷心祈求你別來，就跟之前希望你來一樣熱切。」（給奧斯卡．寶慕的信）

簡直令人無所適從。卡夫卡曾經這麼描述自己的理想生活：「我很樂意住在杳無人跡的地方，但是沒有半點人煙也不太好。最好能住在充滿往日住戶的回憶，而且已經爲將來生活做好準備的地方。只是住戶不能眞的出現。」（給布羅德的信）

也就是說，卡夫卡的理想生活是只有住戶的氣息，但實際上不能有人出沒。

一般人很容易認爲「熱愛社交」與「害羞內向」是不相容的心理特質，但這其實是兩種各自獨立的性格。換句話說，也有「熱愛社交卻又害羞內向的人」，而最爲人際關係所苦的其實是這種人。他們明明想跟別人在一起，但和別人在一起又讓他們痛苦。卡夫卡正是這種人，因此兩者都無法選擇。

「介於『和別人共處』與『孤獨』之間的模糊地帶。比起孤獨本身，我其實是住在這個模糊地帶。」（日記）

對話 9

享受愛情

Johann Wolfgang von Goethe

被愛折磨

Franz Kafka

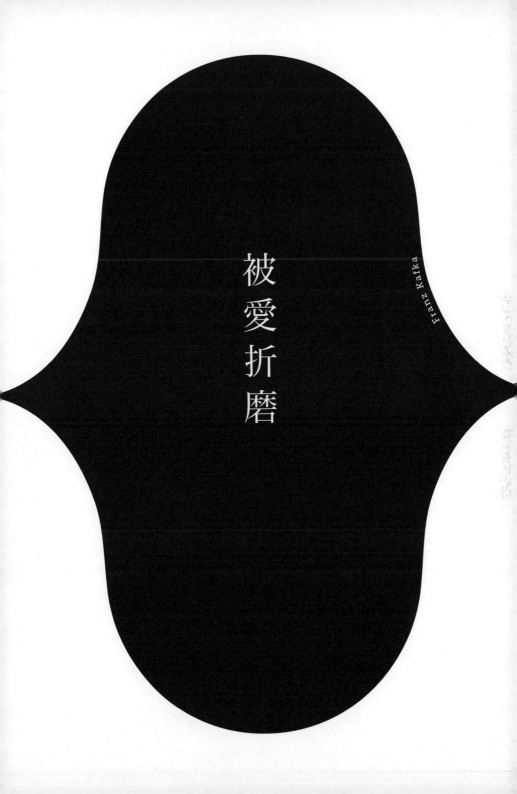

歌德——37

享受愛人的幸福

此時此刻，
我終於知道幸福是什麼！
女性魅力十足的風采，
緊緊攫獲我心。

——〈激情三部曲——致維特〉

卡夫卡——37

無法與任何人相愛

什麼樣的戀人我都難以忍受。
我完全無法理解何謂愛情，
只能滿足於追逐愛情的表象，
卻又由不得我訴苦。

——日記

享受愛人的幸福

能如此直言不諱，說「我喜歡女人」的人應該不多吧，反而讓人覺得他敢做敢當。

歌德是多情之人，從十四歲與葛麗卿初戀，到七十四歲向烏爾麗克求婚，一生與許多女性相戀。直到去世幾小時前，他還夢見美人、說著囈語：「看啊……美麗的女子……烏黑的睫毛……純淨的膚色……」對歌德而言，活著就是為了戀愛。

「那些不再愛、不再瘋狂的人，可以下葬了。」（〈警句詩〉）

戀愛不可能只有喜悅，也會有迷惘、煩惱、苦悶，歌德卻樂在其中，大聲讚頌：「思緒混亂、內心苦悶，這豈不是太美好了！」（〈警句詩〉）

事實上，歌德就是會為愛傷神的人。上大學時，明明已經發高燒臥病在床，聽說戀人凱特馨要去看戲，懷疑她是不是和別的男人相約，放心不下的歌德還到劇場確認。看見凱特馨跟男人有說有笑的模樣，他本想回家痛哭一場，卻因為身體太過不適，實在欲哭無淚。「當牙齒嘎嚓嘎嚓打顫時，人是哭不出來的。」（給朋友的信）

歌德也經歷過想一死了之的失戀，但他總能從愛情中得到力量。

「如果愛能給人力量，我就是最好的證明。」（〈激情三部曲——哀歌〉）

夏綠蒂讓他失戀，害他悲痛欲絕，他卻因此寫出《少年維特的煩惱》。與弗里德里克戀愛時寫出〈野玫瑰〉，與米娜戀愛時寫出《親和力》，與瑪麗安娜戀愛時寫出《西東詩集》、與烏爾麗克戀愛時寫出〈瑪麗亞溫泉鎮哀歌〉……歌德有許多作品都是源自戀愛中得到的力量，他是仰賴愛情而寫作的人。

「我正在看歌德去世那天十點左右，發高燒時所說的話。那句話讓我永遠難忘。」（給菲莉絲的情書）這句話就是右頁提到的「美麗的女子……」，卡夫卡顯然深受震撼。歌德認爲心中無愛的人可以下葬，卡夫卡確實就把自己給埋了。「我愛她。只要我有愛人的能力。可是愛情卻埋在不安與自責的念頭下，幾欲窒息。」（日記）

卡夫卡絕非對愛情漠不關心，他也想愛人與被愛。「請用你的雙手擁抱我。用你的雙手擁抱由愚蠢與痛苦交織而成的我。」（日記）

可是他卻認爲自己無法愛人，也無法被愛。

確實沒什麼人願意接受「由愚蠢與痛苦交織而成」的人，但還是有幾位女性愛上卡夫卡。布羅德寫道：「卡夫卡一生都吸引著女性且贏得她們的芳心——雖然他不相信自己有這種影響力。」

卡夫卡臉上總是掛著微笑、善於傾聽，會主動發現別人的優點，對弱者極爲溫柔，確實充滿了受女性喜愛的要素。

卡夫卡本人則說：「倘若有人對我有一絲絲情意，那肯定是基於憐憫。」

事實上，卡夫卡也跟歌德一樣，能從戀愛中得到寫作的動力。他在墜入愛河的亢奮中寫下《判決》、《變形記》等作品，也在解除婚約的打擊下寫出《審判》。

此外，卡夫卡寫給戀人菲莉絲及米蓮娜的那些情書，本身就是很迷人的作品。

歌德——38

因為被愛產生自信

那個人愛著我！
從那一刻起，
我開始覺得自己是極有價值的人。

——《少年維特的煩惱》

卡夫卡
38

就算被愛還是無用

不管怎麼說，
你都是一位年輕的姑娘，
理想的對象
應該是一個男人，
而不是腳邊一隻軟弱的昆蟲。

——給菲莉絲的情書

因為被愛產生自信

「如果有人終其一生都不曾有片刻認爲，《少年維特的煩惱》是爲他而寫，那眞是太可憐了。」（《歌德對話錄》）

少年維特眞心愛上名叫夏綠蒂的女性，夏綠蒂也愛著維特，但她已有了未婚夫，戀情無法實現的維特選擇了自殺。《少年維特的煩惱》就是這麼熱情而惆悵的故事。

歌德本人也愛上了名叫夏綠蒂的女性，可是對方已有體面的未婚夫，歌德也曾因失戀而有自殺的念頭，維特的故事幾乎是奠基於他的親身經歷。

「上帝賜予我特別爲聖人留下的幸福歲月，將來無論在我身上發生任何事，我都能坦言已嘗到人生最純粹的喜悅。」（《少年維特的煩惱》）

轟轟烈烈的愛之狂喜。歌德原本就是認爲「我可以」的人，被夏綠蒂所愛，或許讓他更能感受到自己的價值。

然而，這其實很危險。因爲被人所愛而感受到自己的價值，等於是讓他人來決定自己的價值。自己的價值輕易被他人的評價所左右，是很可怕的事；不被愛就等於自己沒有價值，同樣也很可怕。但歌德就算失戀，也不會認爲自己是沒有價值的人。

歌德愛上一個人的時候，也能愛著那個人的缺點，因而意識到「即使有缺點也能愛人」，或許也因此能對自己的缺點更寬容一些。

「不能把戀人的缺點也視爲優點，這樣的人談不上正在戀愛。」（《格言與反省》）

眞不愧是《變形記》的作者，居然把自己比喻成蟲，而且還是軟弱的昆蟲。

卡夫卡卽使受到女性喜愛，也未因此高估自己的價值或評價。但如果說他完全不在乎女性對自己的評價，倒也並非如此，他的作品其實意外地深受女性的評價影響。這眞是難以理解。卡夫卡很淸楚世人不太能接受自己的作品，既然如此，他應該也很淸楚當時的一般女性很難理解自己的作品。

然而，卡夫卡卻能從戀愛中得到寫作的力量。也因此，如果那些女性無法理解卡夫卡的作品，不把卡夫卡當成作家，他就會漸漸寫不出來了。

卡夫卡在布羅德家中遇見菲莉絲，立刻愛上了對方。菲莉絲是當時還很罕見的女強人，容貌與身材都很端正，這一點很吸引卡夫卡。

寄出第一封信給菲莉絲的兩天後，卡夫卡從早到晚一股作氣寫完了短篇小說《判決》。這部作品奠定了卡夫卡的風格，很値得紀念。卡夫卡將這部作品獻給菲莉絲，後來也頻繁地將《變形記》的創作過程記錄下來，寫信告訴菲莉絲。

但卽使把作品寄給菲莉絲，也得不到對方什麼値得一提的感想。聽說她喜歡的作家都是卡夫卡不知該從何評論起的人，卡夫卡在她心裡到底算不算作家呢？小說家卡內提曾說：「就連石頭也忍不住同情。」

職場上的同事曾經問卡夫卡：「你現在在寫什麼樣的作品？」卡夫卡把嘴唇緊緊抿成一條線回答：「我好像已經失去那個只要爲了她，什麼都寫得出來的人了。」

肉體之愛

好幸福呀！
兩心相許的親吻，
心情十分安詳，呼吸著彼此的氣息與生命。
我們享受漫漫長夜，
緊貼著對方的胸膛，
聆聽狂風暴雨的聲響。
羅馬人啊，請原諒我如此幸福。
上帝啊，請把世上所有的寶物賜給每個人吧！

——詩篇《羅馬哀歌》

書信之愛

我只能在信中感受到
與心儀女性交往的甜美。

——日記

當時，我之所以不敢更進一步，
是害怕信中的她變成現實中的她向我走來，
這種心情幾乎與恐懼無異。
菲莉絲向我靠近，索求婚約之吻時，
我全身戰慄。

——給米蓮娜的信

肉體之愛

歌德認為要寫出偉大作品，孤獨扮演著重要角色，另一方面，他也寫過這樣的詩：「我常在戀人的懷裡寫詩，輕輕用指尖在她的背上敲打出韻律。當她在惹人憐愛的假寐中發出均勻的鼻息，那鼻息在我的內心深處燃起野火。」（《羅馬哀歌》）

逃離威瑪、前往義大利的歌德沉浸在解脫的氛圍裡，與名叫福絲婷的義大利女性墜入愛河。不想留下私生活的證據，歌德燒掉所有在義大利寫的便箋及信件，所以世人不太了解這位女性的全貌，就連福絲婷是不是本名都無從得知。只知道歌德與她分手回到威瑪時，整整兩個星期都哭得像個孩子。

歌德的愛情並非每次都有肌膚之親，他也談過柏拉圖式的戀愛，而且從二十六歲開始，長達十年以上。

初到威瑪幾天後，歌德就認識了夏洛特．馮．施泰因夫人。這位女性比歌德大上七歲，已婚還生了七個孩子，而且體弱多病，完全稱不上是追求肉體之愛的對象。但她纖細敏銳、感受豐富，洗練優雅、雍容大度，很適合穿白色的衣裳。

歌德為她心醉神迷，不時前去探訪，還說「她前世是我的妻子或妹妹」。她的丈夫也相信他們的清白，不會擅自打擾。

精神之愛與肉體之愛，歌德都能同時自由自在地享受其中。

卡夫卡的愛情是魚雁往返的愛。與心愛的人通信，是卡夫卡最幸福的時刻。他非常排斥見面，即使戀人想見他，他也總是藉故拒絕。明明已經交往很多年，卻只見過幾次面，這對卡夫卡而言十分尋常。

不只是菲莉絲，米蓮娜和其他女性也不例外。完全是精神上的戀愛，一定要透過書信這種媒介，無法接受現實的相處。

卡夫卡對通信的癡狂簡直異於常人，連他自己也說：「正常人大概不會對書信往來執著到這種地步。」一天一封信是家常便飯，基本上至少要寫兩、三封，除此之外還要打電報。「如你所知，我寫的每一封信都像站在羊群前面的領頭羊，後面還跟著至少二十隻叼著信的羊。」

不只自己寫，他還要求情人也要回信，對方怎麼受得了。「就算只有隻字片語也好」，話雖如此，但如果是「長如裹腳布的信」，他會更高興。

有時卡夫卡也會考慮情人的感受，「我告訴過她，不用每天寫信給我。」但馬上又改口：「請不要接受我的建議，繼續每天寫信給我。」「親愛的，請別這樣折磨我！你今天也沒有寫信給我，棄我於不顧。」「你不知道我的生活有多麼需要你的信。」

哲學家德勒茲和精神科醫師瓜達里，都把卡夫卡比喻爲德古拉。如同德古拉要吸女性的血才能延續生命，卡夫卡也從女性寫給他的信中，得到活下去的養分。

歌德——40

從失戀中振作起來

昔日的激情尚未完全消褪，
新的激情又從內心深處噴湧而出，
這其實是一件好事。
那樣的心情就像看到這種景色的喜悅——
太陽下山時，月亮從另一邊升起，
東西兩邊的天空同時光芒萬丈。

——《歌德對話錄》

卡夫卡——40

為失戀而嚎啕大哭

與她共度的最後一個清晨，
我哭了。
當時流的淚，
肯定比我有生以來流的淚還要多。

——給奧特拉的信

從失戀中振作起來

這句話說得冠冕堂皇又慷慨激昂，但其實只是在說——「被女性拋棄，儘管對她餘情未了，卻又愛上了另一位女性」。

大學畢業後，歌德在威茲勒的高等法院實習時愛上了夏綠蒂．布芙（暱稱綠蒂），當時歌德二十二歲，綠蒂十九歲。如同之前提過，這段激情的愛戀是《少年維特的煩惱》的故事原型。

被綠蒂拋棄的歌德，在絕望地返回故鄉法蘭克福的途中，順道造訪了知名女性作家拉羅歇夫人的沙龍，在那裡遇見她的女兒瑪克希米麗安，對她一見傾心。當時他說的就是這句話。綠蒂是西沉的太陽，瑪克希米麗安是上升的月亮。

歌德也曾經失戀多次，被綠蒂拋棄時，他甚至想要自殺。

但歌德也很快就能從失戀中重新振作，再投入下一場戀愛。新戀情顯然是治療失戀傷痕最好的特效藥。

「我們的熱情著實就像不死鳥，即使燃燒殆盡，也會從灰燼中飛出另一隻新的不死鳥。」（《親和力》）這也是歌德的名言。

雖說是「我們」，但一般人實在難以企及，歌德對戀愛的狂熱堪稱是超乎尋常。

一如猛力下墜的球會以勢如破竹的力道反彈回來，愈是摔落谷底，愈能快速站起，或許也是歌德的一大特質。

為失戀而嚎啕大哭

卡夫卡與菲莉絲訂過兩次婚，也解除過兩次婚約，最後因爲卡夫卡染上結核病，終於決定各奔東西。卡夫卡認爲自己的健康狀況已經無法結婚了。

話雖如此，卡夫卡當時的病情還沒有那麼嚴重，他自己也並非十分悲觀，所以他其實只是藉此逼自己做出決定。

一直猶豫著要不要結婚，爲此苦惱不已的卡夫卡，想必也多少鬆了一口氣。

另一方面，失戀還是失戀，這也意味著與原本以爲是命定的對象分手。

最後一次見面，在車站送別菲莉絲後，卡夫卡前往布羅德的事務所，在那裡嚎啕大哭。布羅德寫道：「這是我唯一一次見到他哭，我想我永遠也不會忘記那個畫面。」當時事務所裡還有布羅德的同事，可見卡夫卡確實再也承受不住了。

卡夫卡大概也是在此時，寫了這封給妹妹奧特拉的信。

據布羅德透露，卡夫卡不太願意在人前掉淚，眞有難過的事，也只會在一片黑暗的電影院裡悄然哭泣。

與卡夫卡分手後，菲莉絲嫁給富有的銀行員，生下兩個孩子，仍捨不得扔掉卡夫卡寫給她的信，就連逃離納粹、亡命美國時，也把五百封信帶在身上一起逃亡。卡夫卡當時還籍籍無名，所以這些信件並沒有成爲傳家寶物的價值，可見與卡夫卡交往或許不是快樂的事，但顯然是菲莉絲很珍貴的回憶。

對話 10

結婚生子

Johann Wolfgang von Goethe

終生未娶

Franz Kafka

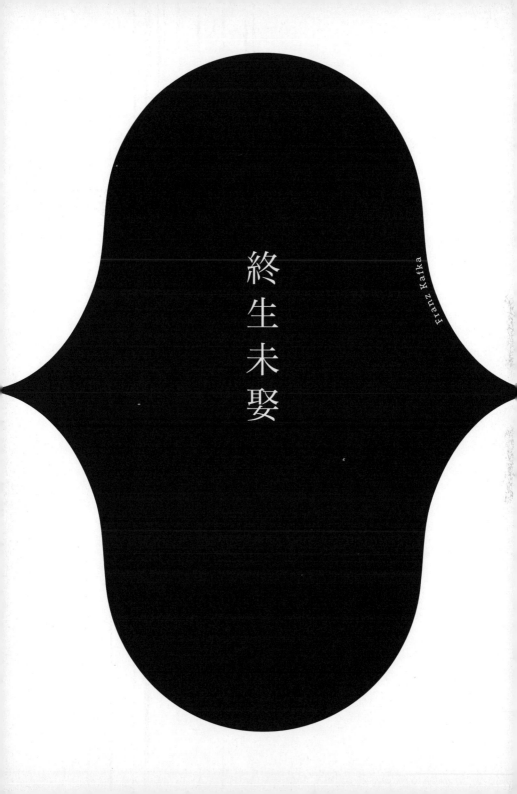

歌德——41

結婚才是幸福

無論是皇帝還是庶民，
擁有美滿家庭，
才是最幸福的人。

——戲劇《伊菲珍妮亞在陶里斯》

卡夫卡——41

受不了這種幸福

即使婚姻是
前所未有的幸福高點，
恐怕也會讓我感到絕望。

——日記

結婚才是幸福

歌德甚至還說：「婚姻生活是一切文化的起源，也是頂點。」（《親和力》）

可是歌德一直到五十七歲、快六十歲了才結婚。原因在之前也提過，與他同居的克莉絲汀娜身分低微，得不到周遭人們的認同，即使生下孩子，依然無法正式結為夫妻。

然而，後來發生了一件事，讓歌德下定決心，無論旁人再怎麼議論、阻撓，他都要和這個女人結婚。

這件事與坂本龍馬和妻子阿龍的故事十分雷同。坂本龍馬當時與阿龍祕密成婚，而在慶應二年，發生了坂本龍馬遇襲事件。當時他和同伴住在寺田屋二樓，遭到一百多個幕府捕快突擊，正在一樓洗澡的阿龍最早發現，於是通知人在二樓的龍馬，然後又奔走了一晚，通知薩摩藩邸搬來救兵。託她的福，龍馬才撿回性命。

龍馬在給姊姊的信上寫道，「幸得阿龍相助，我才逃過一劫。」從此以後，龍馬就對外公開阿龍是「我的妻子」，大方地與她出雙入對。

相同的狀況也發生在歌德身上。一八〇六年，法軍攻打威瑪，極盡燒殺擄掠。歌德的畫家朋友克勞斯當時慘遭毒打，不幸喪命。酒醉的法軍也闖進歌德家，差點殺死當時在二樓寢室的歌德，是克莉絲汀娜挺身相護，以勇氣與機智救了他一命。

歌德於是正式迎娶了克莉絲汀娜，帶她出席各種公開活動。

受不了這種幸福

或許能靠寫信戀愛，但終究無法靠寫信結婚。「我恨我自己，因爲我無法愛著一位女性，愛到可以免受不安侵擾，或是縱有一絲不安也能忍耐。娶那位女性爲妻，是我此生無法企及的幸福。」（給布羅德的信）

爲什麼不願意結婚呢？原因之一是結了婚就不能辭去「爲求餬口的工作」。「只要孑然一身，或許總有一天眞能拋開工作。要是結婚就絕對不可能吧。」（日記）

另外，卡夫卡也排斥結婚這件事。「無論如何，我都要保持單身。光是想像蜜月旅行，我就不寒而慄。不管和我有沒有關係，所有度蜜月的愛侶都讓我覺得刺眼。光是想像自己用手環住女人的腰，就足以令我反胃。」（給布羅德的信）

但另一方面，他又熱切地渴望婚姻。「婚姻是我最夢寐以求的渴望。」「爲了結婚，我努力奮鬥。」（給米蓮娜的信）

卡夫卡需要保持單身，卻又害怕一直處於單身狀態。「單身只會帶來懲罰。」（日記）「孑然一身被視爲是苦差事。」「萬一生病，就得在床上盯著空無一人的房間好幾個禮拜。」（〈單身者的不幸〉）

卡夫卡追求、嚮往著婚姻，可是又害怕、拒絕現實的婚姻。「我不羨慕一對對的夫婦，只羨慕夫婦這個整體。」（日記）

「職場上有年輕的丈夫與年老的丈夫，他們的幸福是我可望而不可卽的。就算得到那些幸福，我也無力承受，但那卻是唯一能塡滿我的方法。」（日記）

組成三人家庭的喜悅

為了得到人間的幸福，
愛讓兩個純粹的人結為連理。
為了得到神聖的幸福，
愛讓三個尊貴的人組成家庭。

——《浮士德》

組成三人家庭的絕望

兩大張安樂椅與一小張安樂椅圍著桌子。
看到那個畫面，我不禁心想，
此生絕對不可能
和妻兒坐在這三張安樂椅上。
我也想要得到這樣的幸福，
但這從一開始就是過於絕望的心願。

——日記

組成三人家庭的喜悅

「三人家庭」指的當然是父母與子女的組合。

「抱著孩子的母親，是最美好的畫面；被許多子女圍繞的母親，身影最爲高貴。」

（《威廉．麥斯特的學徒歲月》）

歌德與克莉絲汀娜生了五個小孩，但只有長子奧古斯特平安長大成人。歌德很寵愛奧古斯特，奧古斯特也很尊敬父親，只要是父親寫的文字，就算歌德自認寫得不好要撕毀，奧古斯特都想留下。歌德也曾眉開眼笑地告訴別人：「我以前總會燒掉隨手寫下的詩，現在會爲了滿足兒子的要求特地留下。」

之前也提過，奧古斯特和名叫奧蒂莉的女性成婚，生下兩男一女，歌德共有三個孫子。歌德疼愛孫兒的模樣與一般老爺爺沒有差別，孫兒們也很愛他，要跟爺爺一起才肯吃早餐。歌德暱稱孫兒爲「可愛的獨角仙」，讓他們坐在自己腿上，甚至爬到肩膀上。歌德總是忍不住讓他們吃太多，還被媳婦數落：「你把他們的胃都搞壞了。」

無論在工作還是家中有訪客，孫兒們總是圍繞著歌德。這樣當然礙事，但如果要他們離開，孫兒又會站在門口一直哭泣。歌德在自己的書房裡擺了給孫兒學習用的書桌，熱心地教他們功課，有時候還讓他們喝點自己喝的葡萄酒，孫兒因爲情緒太亢奮而不肯好好讀書，結果又惹媳婦生氣了。

組成三人家庭的絕望

「從某個角度來看，婚姻與子女應是我在人世間努力想得到，最有價值的東西。」（給未婚妻茱莉的姊妹的信）

「與孩子的母親面對面坐在搖籃兩邊，是比海還深、比太陽還溫暖，至高無上的幸福。」（日記）

卡夫卡也曾經渴望與妻兒組成三人家庭、共同生活的幸福。

他甚至覺得沒有小孩是不幸的事。「一個孩子都沒有的可憐人，等於是選擇了最可怕的方法，將自己禁錮在不幸中，這輩子都別想得到幸運之神的眷顧，重新活過，只能背負著不幸走完人生路。一旦禁錮在這個迴圈裡，就只能乖乖認命。」（日記）

卡夫卡喜歡小孩，對外甥的教育也很熱心，經常給他們建議。

但卡夫卡不僅對婚姻裹足不前，對生兒育女也充滿疑慮。這到底是爲什麼呢？

卡夫卡曾經想把《判決》、《司爐》、《變形記》三篇小說整理成一個系列，以《兒子們》爲名出版。卡夫卡終其一生都是個兒子，始終處在孩子的立場，他使自己成爲軟弱的兒子，以此反抗強勢的父親。這樣的孩子有辦法爲人父嗎？

「熱切地渴求祖先、婚姻、子孫，卻始終得不到祖先、婚姻、子孫。祖先、婚姻、子孫，所有一切都向我伸手，卻仍遠得讓我難以企及。」（日記）

卡夫卡走不進從父母到子女這種世代的迴圈裡，他被排除在外，孑然一身。

歌德——43

沒有她就活不下去

我不能沒有她，
她也不能沒有我。

——自傳《詩與真實》

卡夫卡——43

有了她才活不下去

對我來說，
和她在一起會活不下去，
沒有她，也活不下去。

——給布羅德的信

沒有她就活不下去

這個「她」指的是莉莉．宣妮曼。

歌德和卡夫卡一樣也訂過婚、解除過婚約，對象就是莉莉。早在歌德遇見克莉絲汀娜很久之前，兩人就已相戀，當時歌德二十五歲，莉莉十六歲。

那是在以被夏綠蒂拒絕爲題材而寫的《少年維特的煩惱》出版並大受好評之後，比起和夏綠蒂等人的戀情，歌德與莉莉的交往沒有那麼戲劇化，相對顯得平凡。

莉莉是歌德故鄉法蘭克福某位銀行家的女兒。出生在同一個城市的富家子與富家女相遇，訂下婚約，算是門當戶對，也不是什麼出人意表的邂逅。

然而，這段戀情對歌德別具意義。「莉莉迷人的倩影歷歷在目，彷彿能感覺她的氣息就在身邊。她才是我第一個發自內心眞正愛過的人。在我的一生中，再也沒有比和莉莉相戀時，更靠近眞正的幸福。」（《歌德對話錄》）

這是歌德八十一歲時說的話，可見他有多麼深愛莉莉。莉莉的孫女馮．圖克海姆來探訪他時，他也很樂意與對方見面，在她身上尋找莉莉的影子。

之所以解除婚約，是因爲受到身邊人們的反對。問題是旁人愈反對，愛火愈熾烈，事實上，莉莉已下定決心要拋棄一切，與歌德私奔到美國。歌德也說：「拆散我們的阻礙，其實並非是無法克服的難關。」但歌德還是選擇了分手，因爲當時年輕的他對走入婚姻還有猶豫。歌德後來去了威瑪，有一部分也是爲了斬斷對莉莉的思念。或許正是戀情無法實現，才更令人懷念，終生難以磨滅。

有了她才活不下去

卡夫卡也在日記裡寫過幾乎一模一樣的話，可見這是他發自內心的切實想法。與菲莉絲訂過兩次婚又兩度解除婚約，也是因爲這個緣故。後來卡夫卡又跟一位名叫茱莉的女性訂婚，終究也還是解除了婚約。

這到底是爲什麼呢？社會心理學家勒溫將其解釋爲「雙避衝突」，意指夾在兩件討厭的事情之間左右爲難，逃離其中一件，就等於向另一件靠近，因而動彈不得的狀況。

因爲不想單身，所以打算結婚。可是一旦訂下婚約，隨著婚期一天天逼近，不想結婚的心情又愈發強烈，想要逃離。解除婚約後，回復單身狀態，又不願一輩子孤單，於是又想結婚……如此周而復始。由於兩邊都不是心甘情願的選擇，靠近其中一邊，排斥的心情就會高漲，只好在兩種狀態之間來回擺盪。

以下是我個人的意見——這種「雙避衝突」或許是卡夫卡的本質之一。不只戀愛，一切都是如此。無論是討厭與人相處，還是討厭孤獨，都是出於這種矛盾心態；在發表作品與燒毀作品之間進退維谷，也是同樣的道理。

「黑夜讓人懼怕，不是黑夜也讓人懼怕。」（八開筆記本）

「才覺得總算安靜一點，又變得太安靜了。」（日記）

這些很卡夫卡的說法，不是矛盾、不是任性，也不是玩文字遊戲，而是基於「雙避衝突」。不斷在同樣的問題裡來回擺盪，兩頭不到岸，什麼也選擇不了，痛苦萬分。

可是永遠都在掙扎，不會痛下決心做出什麼決定，也是卡夫卡的魅力和不凡之處。

對話11

超越父母

Johann Wolfgang von Goethe

受父母壓迫

Franz Kafka

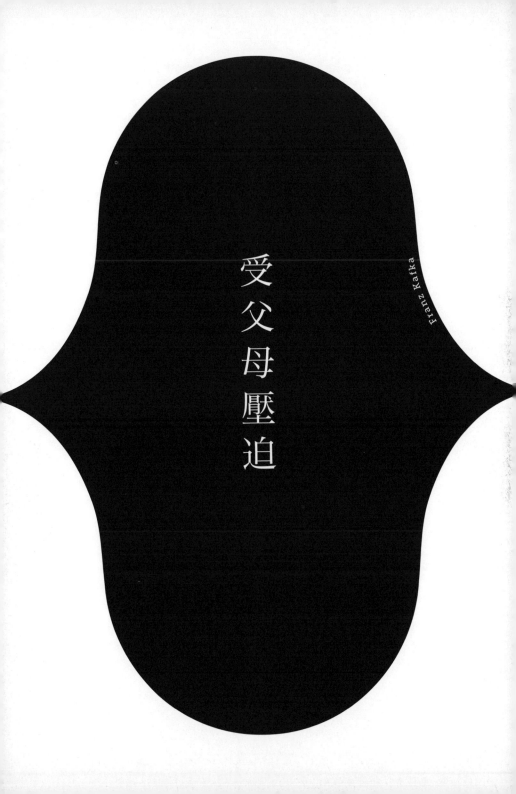

歌德——44

繼承父母的優點

繼承了父親的體格
與認眞的人生觀。
繼承了母親爽朗的性格
與創作故事的喜悅。
曾祖父鍾愛美人的習性
不時在我身上顯現。
曾祖母對首飾及黃金的愛好
也流竄在我體內的血液。

——《溫和的贈辭》

人生遭父母破壞

父親從這邊施壓，
母親從那邊施壓，
幾乎將我的意志破壞殆盡。
偏偏又無處可逃。

——日記

繼承父母的優點

敢正面指出自己繼承了父母的優點，眞不愧是歌德。

直言自己繼承了曾祖父母人性化的一面，也完全是歌德的風格。

歌德父親那邊的曾祖父是蹄鐵工，身分低微，一貧如洗。祖父年輕時就離開故鄉圖林根，找到時尚的工作，成爲縫製女裝的工匠，到巴黎累積經驗。之後回到德國，在法蘭克福結婚，對方是寡婦，經營著一家五層樓高的豪華旅館。

歌德的祖父娶了這位富有的寡婦，加上自己也頗具經商天分，經營葡萄酒買賣而獲利豐盈，從此富甲一方。

直到孫子歌德這一代還能過著奢侈的生活，全靠祖父白手起家積攢的財富所賜。

歌德的父親從小養尊處優，接受良好教育，大學剛畢業，就先享受了一趟在當時堪稱奢華的義大利之旅。

回到法蘭克福後，他主動要求市政府雇用自己，並且願意不支薪，此舉激怒了其他員工，遭到拒絕，反映出他暴發戶的傲慢心態。他一氣之下砸錢向皇帝買下「樞密顧問官」的稱號，但也只是空有頭銜，終其一生他都未曾工作。

兒子歌德則接受了更高等的教育，三十二歲就躋身貴族。

歌德父親的家族從蹄鐵工↓富人↓貴族，經歷了戲劇化的改變。

不僅如此，歌德還成了偉大的文豪，名留青史。

人生遭父母破壞

卡夫卡的祖父從事家畜屠宰業，三餐不濟，生活非常拮据。因爲是猶太人，還遭到歧視，職業及居住的場所都受限制。

當時只有長子能結婚，而卡夫卡的祖父是次子，卡夫卡的父親差點就無法出生。後來，在一八四八年三月革命的影響下，猶太人取得市民權，從此可以自由地選擇居處、職業，也可以結婚，祖父因此立刻成婚，生下卡夫卡的父親。

卡夫卡的父親從小就要幫忙幹活，即使是冬季的下雨天，也得拉著裝滿肉的貨車，在村子裡挨家挨戶地兜售，腿上還留下當時凍傷的創口。

卡夫卡的父親在十四歲時離開故鄉，成爲挑擔小販，幸好他很有生意頭腦，白手起家創造出傲人的財富。縱使沒有歌德的祖父那麼富有，倒也在布拉格這種大都市的高級地段開了一間販售高級雜貨的店，兒子卡夫卡也得以在衣食無虞的環境下成長。

卡夫卡的父親只受過義務教育，即使能說德語，卻不會寫德文。他立志要讓兒子卡夫卡接受完整的教育，供他念到大學，卡夫卡甚至還當上公務員，這在從前根本是不可能取得的地位。

家畜屠宰業↓富人↓公務員，這般戲劇性的變化與歌德家的發展軌跡如出一轍。

只不過，卡夫卡沒有再往上攀升，成長過程迥異的他養成了與祖父、父親截然不同的人格，這也導致卡夫卡與父親的對立。

回應父親的期待

父親希望我走他走過的路，
還希望我走得更遠、更輕鬆。
父親有著異於常人的勤勉、毅力、堅持，
一路走來練就了各種本領。
父親經常對我說：
要是我有你這般天分，
肯定會選擇與你截然不同的人生，
才不會像你這樣渾渾噩噩、浪費才能。

——自傳《詩與真實》

卡夫卡——45

拒聽父親當年勇

我最討厭聽父親提起當年勇，
一面不斷批評時下的年輕人，
尤其是自己的孩子得天獨厚，
一面說著自己年輕時吃了多少苦頭。
父親確實經歷了千辛萬苦，
我也確實不曾經歷這些辛苦，
即便如此，
也不等於我就比父親幸福。
但父親根本無意理解。

——日記

回應父親的期待

歌德的父親終生都沒有工作，不是蒐集喜歡的畫作或博物標本，再不然就是讀書，從來不曾爲錢煩惱，反而是錢多到不知如何是好。

眞是羨煞旁人的人生，但他也曾經想出社會工作，貢獻一己之力。過著有如退休老人般的隱居生活，其實並非他的本意。

因爲有「樞密顧問官」的頭銜，歌德的父親也有機會結交上流階級，但他卻不事交際，成天足不出戶。因爲出身低微，代代都是貴族或名門出身的那些人根本瞧不起他，認爲他是暴發戶。

歌德也很同情父親。「父親對世間所有讓他嫌惡的人事物激烈地發洩怒氣。明明父親拚命研究、不斷努力，到處旅行增廣見聞，各方面都很有教養及知識，卻與社會隔著一道厚厚的高牆，過著如果是我絕對無法接受的孤獨生活。」（《詩與眞實》）

歌德的父親把夢想寄託在兒子身上，親自教歌德讀書，自己教不來的科目就請家教指導。透過在家學習，徹底進行菁英教育，歌德六、七歲時就已精通好幾國語言。

若是一般狀況，這對孩子可能是吃力的重擔，所幸歌德十分優秀。「我能迅速地理解、消化、記憶，所以父親及其他老師的授課很快就無法再滿足我。」（《詩與眞實》）

眞是了得，歌德游刃有餘地回應了父親的期待。儘管如此，歌德還是從小到大都覺得，父親的期待「成了壓在我身上可怕而沉重的負荷」。（《詩與眞實》）

卡夫卡的祖父是孔武有力的彪形大漢，據說能用嘴巴啣起用手都很難提起的米袋。卡夫卡的父親也是高大健壯，很適合留鬍子的男人。

然而，卡夫卡卻生得一張娃娃臉，個子雖高但骨瘦如柴。就連身體還很健康的二十四歲時，身高一百八十二公分的他也只有六十一公斤，換算成ＢＭＩ（身體質量指數）屬於「體重過輕」的等級，瘦到幾乎有生命危險，至少要再胖十二公斤才接近標準體重。

卡夫卡的祖父從事家畜屠宰業，他卻是素食主義者。他曾在醫生勸告下不得不攝取肉類，等到不必再吃時，還特地去了水族館，如釋重負地對魚說：「太好了，我又能放心看你們的眼睛了。」卡夫卡的父親很會賺錢，能在逆境中求生，卡夫卡對賺錢卻漠不關心，就像米蓮娜說的「法蘭茲沒有生存的能力」。僅僅三代，竟有這麼大的轉變。

卡夫卡不願意從事「爲求餬口的工作」，想必讓父親傷透腦筋，認爲他是不知道貧窮的可怕，才能說得這麼天眞。或許他也無法體諒卡夫卡不想結婚的心情，畢竟祖父那一代還曾因不能結婚而吃盡苦頭。總而言之，他只會覺得卡夫卡得了便宜還賣乖，所以才會說自己以前有多辛苦，卡夫卡現在有多幸福。也因爲卡夫卡有更好的資源和條件，父親當然希望他比自己更有出息。

但聽在卡夫卡耳中，父親的當年勇等於在他腦中植入了「你很沒用」的評價，所以就算父親的本意想說「我只是鳶鳥，你卻能成爲雄鷹」，他也只會覺得自己是渺小脆弱的麻雀，父親根本是在強人所難。

歌德——46

對父親寬容以待

希望兒子能實現
自己未能實現的夢想，
是全天下父親都有的卑微願望。
因爲他們想重新再活一次，
希望人生最初的經驗
這次會眞正派上用場。

——自傳《詩與真實》

對父親無法釋懷

父親（換成母親也一樣）
會在孩子身上尋找自己過去無法克服的缺點。
他們認爲這次可以克服了，
因爲孩子比自己更容易改造重塑，
所以他們會擅加干涉，不願放手讓孩子自在成長。
另一方面，
當他們發現孩子沒有繼承自己的優點，則會愕然失措，
進而急切地想爲孩子塡塞那些優點。
但就算一時可行，也終將失敗收場，
因爲孩子會被這樣的重擔壓垮。

——給妹妹艾麗·赫爾曼的信

對父親寬容以待

歌德的父親希望兒子能在法蘭克福官居要職，那是他自己求之不得的地位，因此打算讓兒子就讀法律。

但歌德隨著年紀增長，想走文學創作之路的願望愈發強烈。歌德的父親也知道這件事，有好幾個朋友都試圖說服他，放手讓兒子走想走的路，他卻堅持己見。

爲了讓歌德讀他不想學的法律，父親要他去念萊比錫大學，而不是他想上的大學。歌德後來寫了名叫《塔索》的戲曲，故事中的塔索是眞實人物，具有寫詩的天分，卻被父親逼著學習法律。歌德顯然對此心有戚戚焉，就像卡夫卡對歌德的遭遇也深有感觸。

「父親的頑固讓我愈來愈不相信他。」「我一點也不想花好幾個小時，聽父親說那些反覆說過的話。」「我帶著冷漠決絕的心情，離開從小生長而珍惜的城市，永遠不想再踏進一步。」（《詩與真實》）

儘管如此，歌德依舊體恤父親的遺憾，不曾正面給父親難堪，巧妙地虛應故事。

歌德的父親十分執著，將所有財產的十三分之一都花在歌德的教育上。歌德就讀萊比錫大學時，每月的生活費多達一百基爾德（譯註：荷蘭的貨幣單位）。當時法蘭克福市長的月薪爲一百五十基爾德，圖書館副館長只有四十二基爾德，足見這個金額極爲可觀。

沒想到歌德卻以始料未及，還是讓父親非常失望的方式，回到了「永遠不想再踏進一步」的故鄉。這對他們的父子關係產生了決定性的影響，稍後會再提及。

卡夫卡在這封信裡繼續寫著：「或許父親是在孩子身上尋找，放在妻子身上是惹人憐愛，擺在孩子身上就不可原諒的特質。」

比方說，倘若妻子敏感又容易受傷，會激起丈夫想保護她的心情，加深對她的愛；如果連兒子都是這樣，父親反而會心浮氣躁，只想好好鍛鍊孩子一番，讓他更加堅強。

「或許父親是在孩子身上尋找，自己身上所具備並足以自豪的優點，自認應該展現的合宜樣貌，以及對自身家庭有所助益的地方。如此一來，孩子的其他優點就全都變得可有可無了。父親只想在孩子身上，看到自己所愛的那一面。」

舉例來說，父親認爲賺錢很重要，一旦在孩子身上發現經商的天分，就算孩子還有其他才華，父親也視而不見，甚至視其爲多餘的枝葉，強行剪下捨棄，只培育自己看重的能力。

「父母的一廂情願衍生出兩種教育方式，也就是極權管教與奴性依賴。父母的極權管教十分溫柔，卻隱含著任意支配，『你一定要相信我，因爲我是你的母親。』父母的奴性依賴則以驕傲自豪爲包裝，『你是我的兒子，所以我依賴你。』但這兩種教育方式都非常可怕，只會適得其反，等於在踐踏孩子、揠苗助長。」

由此可知，卡夫卡看待父母的角度相當犀利，完全看穿他們內心的想法。

「全天下的父母都一樣，老是把自己和孩子混爲一談。」

歌德——47

活力充沛的母親

母親無論何時何地，
都不會失去她的活力。
永遠都能找到
完成計畫、實現願望的方法。

——自傳《詩與真實》

卡夫卡
47

長吁短嘆的母親

「你本來不應該是這樣的。」
這是母親對我笨拙的安慰。
最糟糕的是，
也沒有更好的方式可以安慰現在的我了。
這個事實傷害了我，
讓我一直處於受傷的狀態。

——日記

活力充沛的母親

歌德的父親直到快四十歲才結婚，在當時算是相當晚，而且他的結婚對象還是小他二十多歲的十七歲少女。

歌德的母親出身歷代皆擔任法蘭克福市長的法律世家，那麼顯赫的名門，怎麼會把芳華正茂的長女嫁給年近四十又沒有工作的暴發戶呢？原因倒也不足爲奇，據說是他們家世雖好，經濟上卻有困難，想要家世的男人與想要金錢的女人策略聯姻，歌德是父親的財產與母親的家世所結合的產物。

相較於嚴肅認眞、頑固又沉默，看來比實際年齡老，憤世嫉俗的父親，母親則是開朗、快活，擅於社交又樂觀。她十八歲就生下歌德，對兒子疼愛有加，因爲歌德的年紀比父親更與她相近，性情也更相合。

母親很會說童話故事，父親上的課則嚴格又無聊，連父親自己都哈欠連連，所以年幼的歌德更喜歡聽母親說故事。每次，母親都會故意停在最精彩的地方賣關子：「後面等明天再說」，而歌德一定會在第二天之前想出自己創作的後續發展。「爽朗的性格與創作故事的喜悅」，無疑是受到母親的影響。

母親也會幫他向父親緩頰。「母親在一板一眼、注重秩序的父親，與做事不按牌理出牌的我之間，設法讓各種問題大事化小、小事化無，忙得不可開交。」（《詩與眞實》）

此外，也是母親說服了父親讓歌德前往威瑪，否則這對父子的關係可能更加緊張。

卡夫卡在三十六歲時寫了一封「給父親的信」，內容長到足以印成一本書，但又不是小說，眞的是寫給父親的家書，內容則鉅細靡遺地說明，自己會變得如此糟糕，都要歸咎於父親。

卡夫卡在信上寫道，「我不是卡夫卡家的人，而是李維家的人。」

李維是卡夫卡母親娘家的姓，在猶太人社會中算是名門姓氏。卡夫卡的父親娶了自己原本高攀不上的大家閨秀爲妻，這一點與歌德的父親境遇相似。

卡夫卡認爲卡夫卡家的特徵是「生存欲、事業欲、征服欲」；李維家的特徵是「反抗心、感受性、正義感、不安的情緒」。李維家出了許多學者、宗教家等優秀人才，但也有無法見容於社會的怪人，卡夫卡的曾祖母就死於自殺。

但要說卡夫卡反抗的對象只有父親，母親則是他的靠山，倒也不盡然。卡夫卡的母親是個非常溫和的人，專制的丈夫只要一聲令下，她根本不敢忤逆。父親一兇，母親就哭，結果又對卡夫卡提出相同的要求。

因此，卡夫卡的母親雖然小心翼翼照顧著他，說是保護過度也不爲過，卻稱不上理解他。「我從以前就知道那孩子一有空就寫東西，但一直以爲他只是在打發時間。」

儘管如此，卡夫卡卻不曾像歌德那樣離家遠走。布羅德說：「這絕不是好事。」即使布羅德勸他最好別那麼在意父親，卡夫卡也完全聽不進去。或許是擔心一旦失去反抗的對象，反而會迷失自我的矛盾心理在作祟吧。

長吁短嘆的母親

對話12

從生病到健康

Johann Wolfgang von Goethe

從健康到生病

Franz Kafka

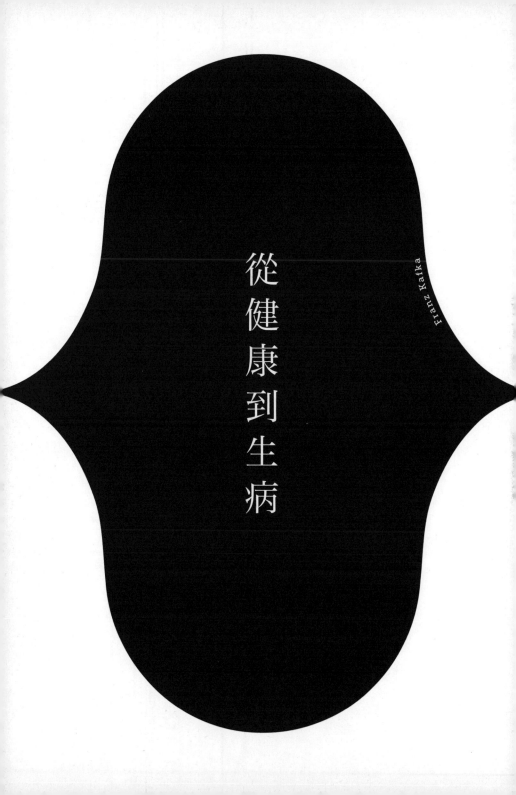

歌德——48

生病是挫折

離故鄉愈近，
心情愈發沉重，
想起過去的我是如何意氣風發，
滿懷期待與希望離開故鄉，
如今卻遍體鱗傷地返回。
想到這一點，就不由得意志消沉。

——自傳《詩與真實》

生病是救贖

一生中最美好的時刻，
大概是兩年前咳血後，
到鄉間療養的那八個月。
感覺擺脫了一切，眞是自由。
沒有人寫信給我，
與菲莉絲長達五年的書信往返
也告一段落，
生病保護了我。

——給米蓮娜的信

生病是挫折

歌德身強體健，活到八十二歲，十分長壽。但在剛出生時，他卻處於假死狀態，好不容易才存活下來，往後的人生也大病過幾次。其中又以大學三年級，十九歲時的那場病最為嚴重，一條年輕的生命差點就這麼殞落。

當時歌德在父親安排下，百般不願地去萊比錫大學攻讀法律，把時下擺脫了嚴厲父母，終於能單獨自由生活的年輕人會做的事，全都做了一遍。戀愛、失戀、鎮日流連酒館，正因為活力充沛，才敢胡作非為。有一晚，歌德咳血咳得厲害，不確定得了什麼病，有人說是結核，若真如此，就跟卡夫卡是同一種病了。

歌德回到法蘭克福的老家養病，明明是滿懷期待與希望離開故鄉，卻飽嘗挫折與遺憾，抱持著對死亡的不安返家。外科醫生與內科醫生竭力聯手治療，歌德的病情仍未見好轉。「我深感不安，害怕會有性命之憂。」（《詩與真實》）

內科醫生說有獨家祕方，歌德卻拒絕接受，因為實在太過詭異。但在他病入膏肓之際，母親還是抱著死馬當活馬醫的心情，逼迫醫生使用祕方。據說那是脫水後的結晶，成分不明。匪夷所思的是，歌德服下祕方後，病情竟漸有起色，撿回了性命。

這場經驗讓歌德體悟甚深，領略到「生之喜悅無比巨大」（《西東詩集》）。他對病人深表同情、對醫生展現尊敬、對科學強烈關注，同時為了健康而節制、規律地生活。他之所以能歌頌生命，活得如此長壽，或許也拜這場年輕時的大病所賜。

生病是救贖

歌德年輕時生過病，並且開始注重健康，因此變得長壽。卡夫卡則正好相反，年輕時很健康，卻自己弄壞了身體，最後因病去世，享年才四十歲，不到歌德一半的歲數。

卡夫卡曾如此描述自己年輕時的狀態，「做什麼都不會累，想走多遠就走多遠，從未感受到極限。」（給米蓮娜的信）可見他原本十分健康。

後來他的身體之所以變差，並不是像歌德那樣不注重養生，反而是在健康時就徹底節制。他這也不吃、那也不吃，奉行素食主義、推崇自然療法，作息十分規律。

問題就在於過猶不及，他極度縮減食量，身體也變得削瘦。「我的手臂從未長出結實的肌肉」（日記）。卡夫卡不用開口，車站的行李搬運員就主動安慰他：「我有我能做的事，您也有您才能做的事。」另外像是冬天也開著窗，裸著身子做體操，或是躺在未鋪床墊只鋪著稻草的床上睡覺；說是生活規律，卻不是早睡早起，而是規律地半夜起床寫一整晚的小說，身體哪裡吃得消。不吃飯、不保暖、不睡覺，怎麼可能不生病。爲了得到健康，反而失去健康，他終於在三十四歲時咳血。

生病對歌德是挫折，對卡夫卡卻是救贖。因爲生病，他辭去了爲求餬口的工作，也不必再爲結婚的事煩惱。卡夫卡曾對布羅德說，這場病解決了各式各樣的問題。

「就像吹響一切結束的號角，在那之後雖然稱不上非常好，卻也睡得香甜，更重要的是，以前令我束手無策的頭痛完全消失了。」（給奧特拉的信）

歌德——49

幸福的夜晚

只要早晨、中午、傍晚都努力度過，
就能迎來幸福的夜。

——詩作〈人生的喜悅〉

卡夫卡——49

失眠的夜晚

我的夜有兩種，
清醒不眠的夜與輾轉難眠的夜。

——給菲莉絲的情書

幸福的夜晚

好好工作、好好玩樂、好好吃飯、好好喝酒、好好睡覺。歌德就是這樣的人。

「利用睡眠拿回精神與活力。」（《歌德對話錄》）天亮之後再神采奕奕地努力。

不過度自尋煩惱，才能好好睡覺。「我見過自以為再聰明不過的選擇卻失敗了，也見過自以為再愚蠢不過的選擇卻成功了。所以不必太煩惱。無論選擇右邊的路或左邊的路，就算結果不盡人意，也無需煩惱。」（《親和力》）

因為歌德就是這樣的人，雖說生病後有所節制，也不會像卡夫卡那麼極端。他很清楚若太過杞人憂天，將會適得其反。

「假使過度擔心身體情況或精神狀態，沒病也會覺得自己有病了。」（《格言與反省》）如果意識一直集中在哪裡不對勁，就會漸漸覺得好像真的有問題。

別太過擔心，但又要適度節制，箇中尺度很難拿捏，或許也正因為做到這一點，歌德才能如此長壽。所以他吃了很多美食佳餚、也不禁酒，甚至有點過於放縱。

另一方面，歌德也經常造訪美麗的大自然，從事跳舞、騎馬、登山等各種運動。

八十二歲的生日是歌德最後一個生日，前一天他還去爬山，體力真是過人。當時歌德重訪三十一歲時去過的山中小屋，木板牆上還有他年輕時用鉛筆寫下的詩：「再等一下，總有一天會輪到你安息。」聽說歌德看到那句話，淚流不止。

失眠的夜晚

卡夫卡終其一生都在爲失眠與頭痛所苦。「我的試煉太多了，尤其嚴重的是失眠不止、頭痛不已。」（給朋友的信）據說他還向布羅德形容自己的頭痛爲「如果玻璃有知覺，破碎的地方一定是這種感覺」。

失眠及頭痛的原因，顯然是卡夫卡在意的太多、煩惱的也不少。所以當他病倒，之前煩惱的事全都歸零，失眠和頭痛便暫時止住。讓卡夫卡煩惱的不只是精神上的問題，還有身體的狀況。「卡夫卡對健康非常敏感，只要身體一有變化，就會心神不寧。有時是長頭皮屑，有時是便秘，有時甚至只是一根腳趾無法完全伸直。」布羅德說道。

本來明明很健康，爲何會這麼緊張身體的狀況呢？

「我對身體沒有自信，連動都不太敢動，更別說是運動，所以一直很虛弱。如果有什麼是我能做的，簡直與奇蹟無異，令我驚訝不已，像是我的胃竟能消化食物。然而，光是這麼想我就覺得消化開始異常了，只能朝著慮病症一路奔去。」（給父親的信）

果然如歌德所說，不能太在意自己的身體。

注重健康也要適可而止。看到職場上的同事吃午飯時爲麵包塗上厚厚一層的奶油，卡夫卡還說：「你們也吃下太多脂肪了吧。對身體最好的其實是檸檬喔。」卡夫卡也不喝酒。「我最喜歡樹莓汁了，從第一滴到最後一滴都不放過。」

如果僅止於此，不要太過極端，或許就能眞正健康，但不極端就不是卡夫卡了。

生病之後，或許是不需要再在意健康，卡夫卡好好吃飯，反而變胖了。

父親責怪生病的我

我嚮往能離開父親、離開家。
我與父親相處不睦，
我的病再次復發時、
我的病遲遲不癒時，
父親都會失去耐性，
非但不會溫柔地安慰我，
還會對我說出殘酷的話。
明明我根本無能爲力，
父親卻說只要意志堅定，就能克服病魔。
一想起這些，我就無法原諒父親。

——自傳《詩與真實》

卡夫卡——50

父親擔心生病的我

母親身染重病時，
父親，你抓住書櫃，哭得全身顫抖。
前陣子我生病時，
你也躡手躡腳走到我的房間，
從門口探頭進來，想看看床上的我，
卻又擔心打擾我，只是默默揮手示意。
那一刻，我躺在床上，喜極而泣。
就連現在寫到此事，仍不免感動落淚。

——給父親的信

父親責怪生病的我

歌德因為生病，在十九歲生日當天離開萊比錫回到故鄉。母親和妹妹都安慰歌德，衷心高興他能回家，但也很擔憂他的病情。

然而，歌德的父親就不是如此了。兒子的病令他大受打擊，還以為歌德能取得傲人學位、衣錦還鄉，沒想到他卻因病輟學，正所謂期待愈高，失望也愈大。

歌德花了長達一年半療養身體，父親起初還有所顧慮，盡量不把失望表露在臉上，後來逐漸掩藏不住，對沒出息的兒子失去耐性，有時還會大發雷霆，令歌德痛苦不堪。

生病時所遭受的對待，會永遠殘留在內心深處。即使對方平時溫柔和善，只要在我們虛弱時冷眼以對，就會令人無法再以原本的心情與之相處。更別說雙方要是早有芥蒂，更會烙下難以磨滅的印記。

你就是精神鬆懈才會生病，只要意志堅定就能把病治好——這也是健康的人常會脫口而出的謬論，病人聽到這些話只會更加痛苦，覺得忿忿不平。歌德的父親一直對他表現出失望、煩躁、憤怒的情緒，要他振作一點，這是對纏綿病榻之人最不該有的作為。

儘管如此，當時的歌德家完全就是卡夫卡《變形記》描寫的狀況。背負著全家期待的兒子有一天突然病倒，再也無法出門，成為家人的負擔，母親與妹妹都很同情他，父親卻極為不滿。很難想像竟是歌德陷入了這樣的處境。

歌德幸運地恢復健康後，又在父親安排下，前往斯特拉斯堡大學，繼續研讀法律。

父親擔心生病的我

「結不成婚、無法傳宗接代的兒子，三十九歲就辭職領了退休金，無力去愛人，也沒有信仰，變成一個整天無所事事的病人。而且之所以會生病，還是因爲終於決定離開父母的羽翼，卻明明還無能自立就外出租屋，所種下的病根。」（給布羅德的信）

這是卡夫卡猜測自己在父親眼中是何模樣時，所寫下的句子。

然而，事實完全不是他想的這樣。根據其他人的說法，卡夫卡的父親絕不是壞人，也有善良的一面，例如會捐錢給淪爲難民的兒童。他只是無法理解兒子，也不被兒子理解，所以頂多只會讓人感嘆「難道這就是所謂的家人嗎……」。

卡夫卡生病時，父親其實極爲擔憂，不像歌德的父親那樣責備兒子。

卡夫卡的病情加重時，恰好碰上第一次世界大戰後的通貨膨脹，家中也陷入財務困境。但是卡夫卡的父母爲了治療兒子，花錢毫不吝惜，也因此欠下鉅款。

卡夫卡的父親熬過貧困潦倒的孩提時代，好不容易白手起家，成爲富商巨賈，卻是白髮人送黑髮人，徒留債務。在布羅德的努力奔走下，卡夫卡的遺作得以出版，所得版稅都交給卡夫卡的父母，助他們渡過難關，布羅德本人則分文未取。

從療養院寄給父母的最後一封信上，卡夫卡對父親說：「我們一起游過泳呢。」卡夫卡常提起此事，這讓他認清了自己的孱弱與父親的強大。然而在這封信上，他的回憶已經變成游完泳喝的啤酒很好喝了，還約父親等他痊癒後再共飲「一杯滿滿的啤酒」。

第二天，卡夫卡就病逝了。

對話13

歌德＝卡夫卡

Johann Wolfgang von Goethe

卡夫卡＝歌德

Franz Kafka

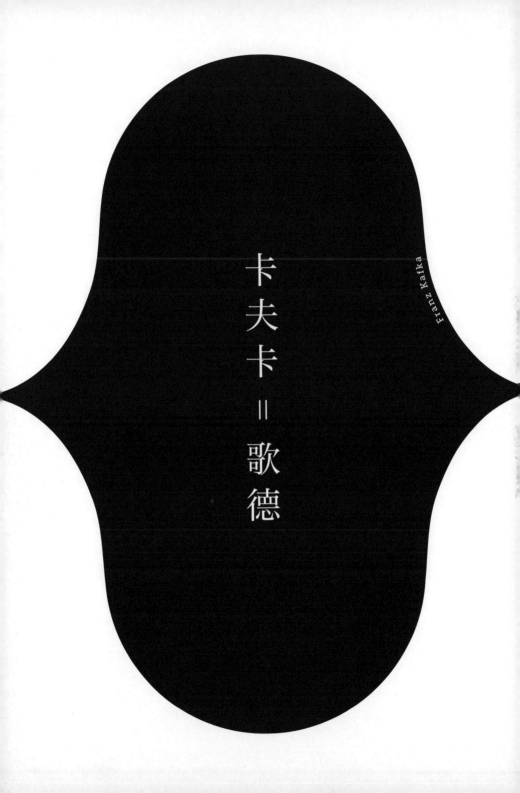

歌德的畫

圖片來源：達志影像

卡夫卡的畫

圖片來源：達志影像

歌德的畫

截至目前，已經爲各位介紹了歌德與卡夫卡的相異之處。

在「對話13」這一章，則將爲各位介紹一下歌德與卡夫卡的共通點。

大文豪歌德其實原本想當畫家，歌德的母親也說他從小就喜歡畫畫。

歌德二十幾歲時相當煩惱，到底是要當個畫家，還是成爲作家呢？

有一次，他走在美麗的河邊，茂密的柳樹遮住了一部分水面。歌德正想畫下這幅美景時，腦中突然浮現一個想法。當時他左手剛好拿著一把刀——「把刀扔進河裡，假如能看到它沉入水中，我就當畫家；要是被繁茂的柳樹遮住看不見，我就放棄。」

歌德很喜歡那把刀，但仍不顧一切地把它往河裡扔去。

刀子要掉進河裡的那一瞬間，隱沒在柳樹的枝條裡看不見了。

作家歌德從此誕生。數年後，《少年維特的煩惱》也隨之問世。

不過歌德並未放棄繪畫，他把繪畫當成興趣，而且是認眞看待的興趣，直到晚年都不曾放下畫筆，作品的數量十分驚人。

就連去義大利時，他也興高采烈地畫下各種初見的風景，這幅畫便是其中之一。歌德的畫風正統，筆觸十分直率、隨興，可以從中感受到他的才華與個性。

卡夫卡的畫

世人對卡夫卡只有作家的印象，他自己也說「除了寫作，我什麼都不會，除此之外一無所有，也沒想過要有。」其實，卡夫卡也曾有過畫家夢。

有一次，仰慕卡夫卡，經常去他辦公室及住家拜訪的新銳詩人亞努赫，看到卡夫卡在辦公室的桌上不曉得用紙在畫些什麼。

「你在畫畫啊？」亞努赫問他。卡夫卡笑著說：「這不是可以見人的東西。」然後就把紙揉成一團，扔進垃圾桶。

這種情況發生過好幾次，十足挑起亞努赫的好奇心。可是比起自己的小說，卡夫卡更不想讓別人看他的畫，亞努赫反而因此更想看了。

卡夫卡察覺到這一點，「不好意思再吊你胃口」，便給他看了這幅畫。亞努赫是這麼描述的：「一群男人，有的在跑步，有的在練習西洋劍，有的在地上或爬或跪，是一幅小而奇妙的速寫。」

看到這幅畫，亞努赫做何感想呢？據說是「我很失望」。當時的審美觀或許是如此吧。換成在現代，卡夫卡或許會成爲搶手的插畫家，就連繪畫他也走在時代的尖端。

雖然時間不長，但卡夫卡也曾想過放棄寫作，正式學畫，開始去上繪畫課。結果沒上幾堂就放棄了，而且不只放棄學畫，也放棄畫畫。他還感嘆地說，自己僅有的些許才能，都因爲上課而永遠「前功盡棄」了。

想以朗讀方式發表作品

我想藉由朗讀的方式，
讓人們聽見我寫的詩。

——自傳《詩與真實》

若是朗讀就想發表作品

親愛的，
我真是喜歡朗讀。

——給菲莉絲的情書

想以朗讀方式發表作品

歌德熱愛朗讀。「凡是有教養的人，都必須練習在讀完戲劇、詩詞或小說後，立刻掌握特點，嫻熟地朗讀出來。」（《威廉．麥斯特的學徒歲月》）

事實上，所有聽過歌德朗讀的人都會讚不絕口，因爲實在非常精彩。

「聽歌德朗讀是至高無上的享受，充分表現出那首詩原本的力量與鮮活，令我深受感動。不只如此，還能看到歌德極爲重要的一面，那是聽他朗讀才會發現的另一面。沒想到他的聲音如此千變萬化、強而有力！沒想到他那張刻滿皺紋的臉龐有著如此豐富生動的表情！更別說是那雙眼睛！」（愛克爾曼，《歌德對話錄》）

不只感動別人，歌德也曾在朗讀自己的作品時流下感動的淚水。「我滿懷感動地回想起，歌德完成赫爾曼與母親對話的詩歌後，立刻朗讀給我們聽的模樣。倚著梨花樹的他激動不已，淚流滿面地向我們娓娓道來。」（卡洛琳．馮．沃爾佐根，《歌德對話錄》）

不只是大人，歌德也能勾起孩子們的興趣。有一晚，歌德正要開始朗讀，有個帶五歲女兒前來的父親爲了不干擾歌德，要女兒離開房間，但歌德阻止了他。女兒於是坐在母親腳邊，乖乖地聽到最後，等歌德朗讀完畢還央求他：「叔叔，再多讀一點。」逗得歌德喜不自禁。

歌德很喜歡直接感受到聽衆的反應，自己也能融入作品之中的朗讀。

若是朗讀就想發表作品

卡夫卡對於要出版自己的作品總是躊躇再三，但若是朗讀，他倒非常積極且樂意。他很喜歡爲妹妹們及朋友、戀人朗讀，也出席過好幾次讀給一般聽眾聽的朗讀會。他的戀人菲莉絲以販售口述錄音機爲業，如果能留下錄音就更有意思了。

據說卡夫卡的聲音乾淨、細緻，是很漂亮的男高音。由於很喜歡，卡夫卡朗讀得很好，還因此發生過一件趣事。某一次，卡夫卡朗讀自己的短篇小說〈在流刑地〉，朗讀到故事中出現的行刑機器時，竟有三個聽眾昏倒了，被擔架抬走，後來也陸續有人嚇得奪門而出。據在場的作家帕爾弗說：「我從未見識過，語言竟有這麼大的影響力。」

以下是我個人的意見——卡夫卡熱愛朗讀，甚至到了「我有立刻朗讀給別人聽的習慣」這種程度，或許也影響到了他筆下的作品，而且不只是聲調及節奏的部分。

民間故事是最貼近日常生活的口述文學，而麥克斯．呂提是研究此種文學風格的學者。以「抽象的風格」爲例，民間故事只會以「誠實的老爺爺」來形容，並未詳述他的來歷、長相、服裝；而在卡夫卡的小說裡，也只以「K」來代稱主人翁。

此外，民間故事會以相同的字句描述同一件事。一般人在寫文章時，通常會極力避免重複使用同樣的字句，但卡夫卡會用相同的字句描述同一件事，作家米蘭．昆德拉也說這是卡夫卡的寫作特徵。除此之外，民間故事與卡夫卡的作品還有許多共通點。

我個人認爲，尋找口述文學與卡夫卡的共通點，也別有一番樂趣。

此外，以下也是我個人的見解——創新或許不是從新事物開枝散葉，而是從固有的枝幹中伸出別的枝椏，結果可能比以前的枝椏生長得更爲高大，一如進化的樹狀圖。

不自殺

我隨時把匕首放在床頭，
試著在關燈前，
研究匕首銳利的尖端能否刺穿胸膛。
可惜我無論如何也做不到，
所以我嘲笑這樣的自己，
放棄所有憂鬱且愚蠢的行爲，
決定活下去。

——自傳《詩與真實》

卡夫卡——53

不自殺

死亡是我們的救贖，但不是這種死法。

——八開筆記本

不自殺

有一種說法稱爲「維特效應」，意指看到自殺相關的報導時，受影響而自殺的人數也會增多的現象。

這個名詞出自《少年維特的煩惱》，這本書出版後，因爲嚮往陷入苦戀而走上絕路的主角維特，於是模仿他自殺的年輕人，急遽地增加。

不少人甚至在赴死時，換上跟書中描寫的維特相同的服裝，可見影響十分明顯。因此這本書在很多地方都被列爲禁書，有的禁止閱讀，有的禁止販賣，有的甚至連印刷都不允許；讀的人要罰款、賣的人也要罰款，引發一陣騷動。

《少年維特的煩惱》是根據歌德的親身經歷寫成，事實上，失戀的歌德也曾經想用匕首刺進自己的胸膛。

可是歌德並沒有死。有別於看了歌德的小說而選擇自殺的人，歌德反而是因爲寫了這本小說，才免於自殺。「如同完成一次徹底的告解，我鬆了一口氣，如釋重負，又能迎向新的人生。藉由將現實寫成詩，我現在輕鬆寬慰，神清氣爽。」（《詩與真實》）

上了年紀的歌德，別說是自殺，甚至感受到了精神不朽的可能性。

「活到了七十五歲，不得不開始思考死亡這件事。但就算想到死亡，我也能平靜以對。因爲我確信精神能永生不滅，恆久爲世人帶來影響，就像太陽那樣。即使看到太陽西沉，也知道它絕不會眞的消失，而是永遠閃耀。」（《歌德對話錄》）

不自殺

無論是生病或意外，當死亡眞的降臨，卽使總是期盼死亡的人，也會感到退縮。自殺也是一樣。「自殺」這個字眼常出現在卡夫卡的日記及信件裡，他也確實曾站在窗邊想要跳下去。但是卡夫卡也沒有自殺，甚至連自殺未遂都沒有。這是爲什麼呢？

一是害怕死亡的痛苦。「想到死亡會讓人感到不安嗎？唯有痛苦令我不安。渴望死亡，卻討厭痛苦，這不是好事。但若不是這樣，人就會決絕地赴死了。」（給米蓮娜的信）

然而，原因不只是如此。「或許我從小就是這樣，離我最近的一條逃避之路，並非是自殺，而是想要自殺這件事。以我來說，不需要等到怯懦現身阻止，光是想到這件事，就足以讓我放棄自殺的念頭：『什麼事都做不好的你，眞的有本事自殺嗎？居然還厚顏無恥地想自殺。要是有勇氣殺死自己，根本用不著自殺了。』」（給布羅德的信）

只要有了自殺的勇氣、能力、執行力，根本用不著自殺。

卡夫卡還在信上寫到，中國的書裡有這麼一個小故事。

「徒弟嘲笑一天到晚把死亡掛在嘴邊的師父說：『您總是提到死，卻一直活得好好的，不是嗎？』師父回答：『卽使如此，老夫依舊是將死之人，正在吟唱最後一首歌。有些人的歌比較長，有些人的歌比較短，但這之間的差別，僅僅是三言兩語。』這句話一點也沒錯，不該嘲笑身負重傷、躺在舞台上，正唱著詠嘆調的英雄，因爲再過幾年，我們也會躺在舞台上，唱著詠嘆調。」（給米蓮娜的信）

對話14

歌德的絕望

Johann Wolfgang von Goethe

卡夫卡的希望

Franz Kafka

歌德——54

絕望有其必要

不懂什麼叫絕望的人，
沒有資格活著。

——〈格言詩〉

人生也有希望

如果我是陌生的旁人，
觀察我和我這一路走來的人生，
大概只能歸納出以下的結論。
一切都是徒勞，
我在無止盡的迷惘中走完了一生，
唯一有建設性的作爲只是自尋煩惱。
然而，我身爲當事人，還抱著一線希望。

——日記

絕望有其必要

英國政治家迪斯雷利說：「絕望是愚蠢之人的結論。」而歌德不會這麼說。

如同本書開頭所引用的語錄：「比起絕望，當然還是抱持希望比較好。」他是充滿希望的人，但不會否定、排斥，也不會蔑視絕望。他反而是這麼說的：

「在安適生活中喪失想像力的人，不肯承認人有無限的苦惱。但就是有，眞的有！有時候，絕望是一種義務，再怎麼安慰，都只會讓人覺得無地自容。」（《親和力》）

歌德本身也數度經歷過這樣的絕望，第一次是他才六歲的時候。

一七五五年十一月一日，發生了「里斯本大地震」，緊接著又有海嘯襲來。里斯本原是葡萄牙的絕美首都，也是富庶的商業城市，卻因爲地震變成一片廢墟，死了六萬人，這場浩劫爲全歐洲帶來極大的衝擊。

年幼的歌德也深受震撼，這件事改變了他的一生，他在自傳中寫下：

「六萬個生命，直到前一刻生活尙平和安穩，轉眼之間就已消逝。」

「教我們要明智、有慈悲心的上帝，一視同仁地毀滅所有正直與不正直的人。」

「這件事在我幼小的心靈留下深刻的印象，我再怎麼掙扎也無法振作起來。」

歌德變得不信神，也不去教堂。但若說他因此失去了信仰，倒也不盡然。

歌德開始從自然中感受到神的存在。從花、從樹、從風、從水、從人、從世間萬象感受到神；從整個世界、從生命的運作中感受到神。「神在自然裡。」

日本人是不是覺得這種自然觀、宗教觀很親切、很容易理解呢？

人生也有希望

丹麥哲學家齊克果說：「絕望是很大的優點。」「請選擇絕望。」

但卡夫卡不會這樣歌頌絕望，也不鼓勵大家選擇絕望。

並非想要絕望，而是只剩下絕望，才會苦惱地連聲嘆息。

一般人大概會想盡辦法尋找希望，緊緊抓住那一絲希望不放。但卡夫卡不擅長說謊或打馬虎眼，甚至可以說是毫無本領。無關乎道德問題，這是他的天性。比起絕望，他更痛恨敷衍的希望、虛假的希望。「哪裡才能找到我的救贖？……在我心中沒有一句明確的謊言，圓的內側極爲純粹。」（日記）

正因爲卡夫卡是這樣的人，在他的日記、信件或隻字片語裡再怎麼尋找，都找不到充滿希望的字句。一如難以從河裡淘出金沙，可是一旦找到，那就是眞的金沙。

本文就是如此珍貴的字句之一。儘管不只前半段，大部分都是絕望的言詞，最後還是補上了一句「然而，我身爲當事人，還抱著一線希望。」卡夫卡也會說出這種話，眞是令人吃驚，就像在陰暗的背景下，卽使是一小片黃金也能燦若星辰。

這是卡夫卡寫於一九一五年二月二十五日的日記，時年三十一歲。後來他又在三月十一日寫道：「我就像掛在客廳正中央，用木頭做的衣架。儘管如此，還是有希望。」

第一次世界大戰期間，首度與菲莉絲解除婚約的隔年，卡夫卡的創作陷入瓶頸，完全是不抱希望的狀態，但他依然說「還是有希望」，或許是因爲當時他初次離開父母身邊，搬出來租屋獨居。雖然這個自食其力的嘗試，最終以咳血收場……

歷盡艱辛的人生

大家總稱讚我是個幸運兒，
我不想抱怨，
也無意挑剔自己一路走來的人生。
但實際上，
我的人生除了勞苦與工作以外，再無其他。
七十五年的生涯中，
眞正感到幸福的時刻，連一個月都不到。
就像推著石頭上山，
永遠重複著徒勞無功的努力。

——《歌德對話錄》

卡夫卡——55

還有那一點可能

我體內還有那一點可能，
還有我仍未知曉的可能。
要是能找到通往那個可能性的道路就好了！
要是能一股作氣走到那裡就好了！

——日記

歷盡艱辛的人生

「真正感到幸福的時刻，連一個月都不到。」這確實有些誇大了。歌德其實說過好幾次「我感到前所未有的幸福」，光是這些幸福加起來，至少都超過一個月。

然而，他確實也歷盡艱辛。在威瑪從政、日理萬機時，歌德在日記裡寫下「忍耐如鐵，堅毅如石」。他也曾感嘆自己的作品得不到社會大眾認同，寫了類似卡夫卡會寫的信給朋友，自嘲「我的努力不過是塵土中蠕動的蟲」。

更深重的打擊是，歌德失去過許多心愛的人。畢竟他活了八十二歲，許多人比他先離世也是無可奈何的事，但其中也有猝不及防的死亡陰影。

歌德的四個弟妹都在他年幼時就去世了，只剩下小他一歲的妹妹康內莉雅。歌德與妹妹感情甚篤，還曾寫下「我們衷心信賴對方，從思考方式、感受力、幻想，以及對世間事的印象，都能互相分享。」但就連這個心愛的妹妹，也只活了二十六年就去世。

歌德五十五歲時，小他十歲的好友席勒死於結核病。歌德悲傷地說：「我失去了半個自己。」在此之後，親朋好友相繼離世，母親死了、妻子死了，過去的戀人施泰因夫人死了，邀請歌德前往威瑪的奧古斯特公爵也死了。

歌德八十一歲時，獨子奧古斯特猝死於義大利旅行途中，當時他才四十歲，痛失愛子的歌德因此嚴重吐血。而且三個孫子都沒有留下小孩，歌德家族的血脈到此斷絕。

歌德總是站在陽光普照的地方，但就如他自己所說，「光線愈明亮的地方，陰影也愈黑暗。」享受過許多快樂，歌德也經歷了許多憂傷。

還有那一點可能

這是一九二二年二月二十六日的日記。當時卡夫卡三十八歲，距離他過世只差兩年又三個多月。卡夫卡在前一年約莫秋冬時分，寫下了遺書，託付給摯友布羅德，內容是「在我死後，請燒掉我所有的遺稿」。

即便如此，後來他還是寫下了這一句相信自己還有可能性的話。

寫下這封信前，卡夫卡前往名爲斯賓德勒米勒的療養地休養，寒冷的高地積著雪，卡夫卡在這裡著手撰寫他此生最後，也是最長的長篇小說《城堡》。

療養歸來後，卡夫卡立刻在十九日的日記寫下「希望？」二字，又在二十六日寫下這句話。但是到了第二天，二十七日的日記又變成「苦惱再次如影隨形緊跟著我」……

《城堡》中也出現過這樣的句子：「產生了新希望。明明絕無可能、毫無根據，卻又是刻骨銘心的希望。」《城堡》起初寫得很順利，後來逐漸陷入瓶頸，卡夫卡在這一年的九月暫時擱筆，從此再也沒有完成。

卡夫卡在同年的十一月二十九日再次留下遺書寄給布羅德，請他燒掉遺稿。但布羅德保留了這些遺稿，還出版成書。有人怪他違背卡夫卡的遺志；另一方面，也有人怪卡夫卡的最後一位戀人朵拉照他說的燒掉原稿。

多虧布羅德，我們才能讀到《城堡》，而且有不少人推崇這是卡夫卡的最佳傑作。確實也有人從這部作品中，感受到了卡夫卡的前進與轉變。

歌德——56

眼淚有其必要

不曾和著眼淚吃下麵包的人，
不懂人生眞正的滋味。
不曾在床上哭泣到天明的人，
不懂人生眞正的平靜。

——《威廉・麥斯特的學徒歲月》

不曾熬過酷暑與嚴寒的人，
不懂人類本身的價值。

——《西東詩集》

卡夫卡——56

人生也有喜悅

苦惱與喜悅、罪與無罪，
就像兩隻不願分開而十指緊扣的手。
若硬要分開，就必須連骨頭及血肉都斬斷。

——日記

眼淚有其必要

「喜悅需要煩惱，煩惱也需要喜悅。」（《浮士德》）

「難道人類與白天一樣不需要黑夜嗎？」（《塔索》）

開朗率直的歌德不厭其煩地訴說著人生也需要悲傷、痛苦、煩惱、黑暗，或許會令人不可思議。這種東西不是沒有比較好嗎？

日本小說家山田太一編著的《生命的哀傷》中，有這麼一段話：

「時代氛圍大多習慣無視『生命的哀傷』，不想見到諸如此類的字眼。有誰會刻意買書來逼自己面對不開心的事？

明知生命有其哀傷之處，仍不願面對黑暗。或許人生遲早要遭遇悲痛，再怎麼嫌惡也必須經歷，在那之前，只想活得開心樂天。不，就算發生悲傷的事，最好也趕快忘記，怨天尤人解決不了問題。只有從苦難的日子裡盡可能找出明媚的新芽，打起精神，重拾活力。簡單一句話，負面思考沒有任何好處。

我不喜歡斷章取義，但是像這樣不願正視人生黑暗面的人，不也有很多嗎？」（山田太一，〈斷念這件事〉）

歌德的積極進取絕不是這樣。

「巴望著不去正視，陰暗部分就會自動消失的人，不能說是樂觀。樂觀的真義，應該是連人類的陰暗面也全盤接收，在此前提下，活出積極進取的人生。」（同前）

歌德不就是這樣的人嗎？

人生也有喜悅

眞要說起來，這一句或許算是苦惱的話，但苦惱與喜悅不可分割，一體兩面。

這是一九一九年十二月八日的日記，卡夫卡當時三十六歲。同年六月他與戀人茱莉訂婚，卻遭父親反對，他在十一月寫下《給父親的信》，這篇日記就是在那之後所寫。

七年前，卡夫卡才二十九歲時，曾在日記中引用歌德的詩：「衆神賜予人類一切，慷慨無私。祂們向深愛的子民賜予一切的喜悅、一切的苦難，毫不保留，慷慨無私。」（歌德在妹妹康內莉雅去世時所寫的詩）

卡夫卡後來去了威瑪的歌德紀念館，深受感動。在這趟旅行中，他被布羅德硬是帶到出版社，決定出版第一本書《觀察》。要不要出版這本書，卡夫卡其實非常掙扎。出版後，聽說附近的書店賣出了十一本，只見他眉開眼笑地說：「十本是我自己買的，還有一本會是誰買的呢？」

七年後，卡夫卡自己寫下了這句話，類似以往引用自歌德的名言。

卡夫卡從一九一〇年開始寫日記，時年二十七歲，當時在他心裡糾結的不是苦惱與喜悅，而是希望與墓碑。「我彷彿由石頭構成，像是自己的墓碑。……只有渺茫無比的希望，但也和刻在墓碑上的碑文相去不遠。」但三十七歲時，他卻在日記裡寫下宛如歌德般有力的字句：「我有時會想，上帝給我們試煉，也給我們克服這些試煉的力量。我們有自由的時間，也有充分的意欲。別浪費光陰找尋障礙，障礙可能根本就不存在。」

時而苦惱，時而喜悅。不對，他的日記裡幾乎只有苦惱，只有少許的喜悅。

即便如此也美不勝收的人生

幸福的雙眼啊，
你們此生見到的一切，
無論是什麼，
都是美的化身。

——《浮士德》

卡夫卡——57

即便如此也值得救贖的人類

明知已經無可救藥，
我仍想成爲
隨時都值得救贖的人。

——日記

即便如此也美不勝收的人生

歌德在詩作〈希望〉中歌頌：「卽使現在只是平凡無奇的樹樁，總有一天也必會結出果實、織成綠蔭，這絕非是無法實現的夢想。」

他也曾在《浮士德》裡讚嘆：「生命如黃金樹繁茂長青。」

的確是光輝燦爛、結實纍纍的人生。如果能在走到最後一刻時，回顧自己的人生，說出「無論是什麼，都是美的化身」，該有多麼美好啊。

歌德也說過：「無論什麼樣的人生，都是美好的人生。」

這些都是肯定人生的話語，但是「無論是什麼」、「無論什麼樣的人生」，都是話中有話，其中摻揉著五味雜陳的悲歡離合，絕非只有喜悅。

也有人對歌德的印象是「此人體會過深切的悲傷」。正因歌德也吸納了這些悲傷，仍能說出「都是美好的人生」、「都是美的化身」，才更具說服力，更能砥礪人心。

那麼歌德沮喪的時候，又是如何振作起來呢？七十八歲時，歌德說過以下這句話。這恐怕也只有他才做得到，平凡人只能啞然失笑。

「我這一生也曾淚濕枕畔地入眠。舉凡此時，夢中總會出現一個美麗至極的身影，前來安慰我、取悅我。隔天早晨，我就會重新振奮，與喜悅一同醒來。」（《歌德對話錄》）

不愧是歌德，卽使哭著入睡，也能在夢中得到美人的安慰而重拾活力。

把狗關進籠子裡，將地板通電，狗拚命想逃，卻怎麼也逃不了。繼續維持這種狀態，狗就會放棄逃跑，學到「不管再怎麼掙扎，狀況也不會改善」，這就是「習得的無助感」。最後就算打開籠子再通電，狗也不爲所動。卡夫卡再怎麼絕望，也無法成爲這種「絕望之犬」，還是會繼續尋求救贖。明知無可救藥，仍想成爲值得救贖的人。

對卡夫卡而言，籠子的閘門在哪裡？在離家、在結婚、在成爲父親、在搬到巴勒斯坦……卡夫卡拚命尋找出口，另一方面卻也不斷逃避。如同他的小說〈飢餓藝術家〉的主角般，想吃但又什麼都不吃，最後爲堅守「飢餓藝術」表演，而餓死在籠子裡。馬戲團的工作人員把飢餓藝術家的遺體移出籠子，放進生命力旺盛的年輕豹子。「生命的喜悅化爲強烈的熱氣，從豹張開的大口吐出。」真是可悲的對比。卡夫卡的最後一個戀人朵拉說：「那個人的生活方式非常緊張，所以一輩子不曉得要死上幾千次。」

儘管如此，就算極爲短暫、就算微不足道，卡夫卡的人生也曾經有過喜悅的吉光片羽。在眞正的黑暗裡，只要有一枝蠟燭的微光，或許就能成爲絕無僅有的救贖。

「我在馬克斯（即布羅德）家裡度過愉快的一夜。我朗讀自己的作品，情緒十分激動。之後，我們大聲談笑，歡暢無比。」（給菲莉絲的情書）

去拜訪朵拉幫忙的難民兒童收容設施時，「歌聲盈滿在建築物、森林、海邊。置身在他們之中，我就算不幸福，也已站在幸福的門前。」（給朋友的信）

卡夫卡也曾經走到幸福的門前。

即便如此也值得救贖的人類

後記

每一句名言，都有神奇的力量

聽說卡夫卡很喜歡每頁寫著一句名言，可以每天翻頁的那種日曆。

歌德也很喜歡名言，還說「名言集是最珍貴的寶庫」。

兩人也是名言的寶庫。

歌德的作品中滿是名言。《少年維特的煩惱》當然是戀愛小說，但書中也有諸多名言，說是名言集也不為過。大家不妨試著多閱讀歌德的各種作品。

卡夫卡則是在日記和信件裡寫下大量名言，本書介紹的幾乎都是從中擷取的話語。卡夫卡本身也很喜歡閱讀其他作家的日記和信件。

歌德說過：「譯者就像古道熱腸的媒人，把覆著面紗的美人形容成只應天上有的人間絕色，介紹給我們。」

卡夫卡則毫不留情地批評荒腔走板的譯文：「這種翻譯讓人想起靈魂眼睜睜看

著無能的靈媒，有口難言地嘆息。」在傳達錯誤的靈媒背後嘆息「我想說的才不是這樣」的靈魂，與在翻譯背後嘆息的作者，確實大同小異。

成為高明的靈媒很難，但至少要成為古道熱腸的媒人。所以在解說部分，我盡量引用當事人本身的小故事，而不要變成天花亂墜的媒人。

不過，在本書的後記，我想稍微提一下自己為什麼要編譯這本書。

不好意思，接下來要說說我個人的體驗。在我二十歲還是大學生時，突然生了一場大病。我從國中時期就很喜歡卡夫卡的《變形記》，沒想到「有天突然發生了異變，我再也無法走出房門一步，只能靠家人照顧」的情節，會發生在自己身上。

我與病魔纏鬥了十三年，過著不是住院，就是躺在房裡的生活，偶爾出門，總會因為「頭上頂著天空」、「風景往後移動（其實是自己往前移動）」而大驚小怪。

在這樣的生活裡，卡夫卡的日記和信件是我最主要的心靈支柱。置身最絕望的谷底時，樂觀的話語往往無法直擊內心，只會讓人覺得過於刺眼。

基於這樣的體驗，我編譯了前作《絕望名人卡夫卡的人生論》，我認為絕望的名言也有其存在的必要。

在對抗病魔的過程中，我後來也讀了歌德的作品。起初我非常反感，覺得他實在得天獨厚，而且開朗得令人惱火。

不過，也因為他太過誇張，我忍不住笑了，終究被那不畏艱難的開朗所激勵，覺得他真是個有趣、魅力十足的人。

回過神來，我時而被卡夫卡說的話拯救，時而受歌德說的話鼓勵。

卡夫卡也是歌德的忠實讀者（這也是我開始閱讀歌德的原因），卡夫卡也對歌德充滿了抗拒、崇拜、又愛又恨的情緒，但他終其一生都閱讀著歌德的作品。歌德也是唯一讓卡夫卡為了去探訪他的故居而踏上旅途的作家。在歌德的故居裡，希望名人與絕望名人隔著時空，站在同一片土地上。

希望與絕望，兩者果然缺一不可。或許也有人認為「沒有絕望比較好」，其實不然。就像天氣有晴有雨，無論如何都不能避免，海浪退了也會再度席捲而來。

根據自身體驗，我認為積極進取時讀正面的文字，消極退縮時讀絕望的文字，夾處在希望與絕望之間擺盪時，則兩者都讀，可說是最好的安排。

「不管是最幸福的時刻，還是最苦惱的時刻，我們都需要藝術家。」

歌德曾經這麼說過，我切身地感受到此言不假。

市面上已經有很多充滿希望的書，所以我編了《絕望名人卡夫卡的人生論》；現在又編了這本書，讓希望與絕望對話，願它能送到跟我曾有相同遭遇的人手上。

不開心的話題就到此為止，總之，卡夫卡和歌德都很有趣，都是很有魅力的人！把兩個人相提並論更有趣！

請務必好好享受兩人的話語，或許有時會拍案叫絕，有時會產生共鳴，有時會潸然淚下。如果能與各位讀者共同分享每一刻的心情，將是我莫大的榮幸。

「許多書中都有一把神祕的鑰匙，可以打開自己的城堡裡，就連自己也還不知道的房間。」卡夫卡說道。

我認為每句名言都有神奇的力量，足以改變某個人、某一刻的人生。如果各位也能在這本書裡找到那句話，將是我至高無上的喜悅。

最後，請容我藉此向負責編輯本書的飛鳥新社品川亮先生致意，如果不是他給我這個生死難料的人機會，我如今大概還被壓在絕望的大石底下，非常感謝。

1787 年，38 歲的歌德

（圖片來源：安吉莉卡・考夫曼繪製的肖像畫 / Wikipedia）

約翰・沃夫岡・馮・歌德（Johann Wolfgang von Goethe, 1749-1832）

一七四九年八月二十八日，出生於德國法蘭克福的富裕家庭。父親熱衷教育，從小修習英文、法文、義大利文、希臘文、拉丁文、鋼琴、繪畫、舞蹈、騎馬等諸多才藝。

在父親安排下，進入兩所大學攻讀法律。在高等法院實習時，邂逅了朋友的未婚妻夏綠蒂，並深深愛上對方，一七七四年將這段失戀經歷寫成小說《少年維特的煩惱》，風行德國之外，更暢銷全歐，甚至形成社會問題，掀起軒然大波，年方二十五歲就在文壇一舉成名。

之後受邀至威瑪公國（當時的德國分割成許多小國，威瑪公國即爲其中之一），成爲政治家，終日忙於政務，有長達十年的空白時期，不曾發表文學作品。

三十七歲時，未告知任何人便連夜逃離威瑪，前往義大利，在此歌頌自由、享受生命，創作豐盈。兩年後又回到威瑪，同時筆耕不輟，在此終老一生。

一八〇六年，五十七歲時與克莉絲汀娜舉行婚禮，《浮士德》第一部完稿。八十二歲生日前夕，耗時近六十年的鉅著《浮士德》終於完成。隔年一八三二年三月二十二日，以八十二歲高齡辭世。

正如歌德所說，「精神像太陽永遠不死。」在他去世後，他的作品仍繼續被閱讀，他的話語也更具影響力。

1923 年，40 歲的卡夫卡
（圖片來源：Wikipedia）

法蘭茲・卡夫卡（Franz Kafka, 1883-1924）

一八八三年七月三日，出生於波西米亞王國（今捷克共和國）首都布拉格，為猶太富商之子。

大學時主修法律，在半官方半民營的勞工災害保險協會任職，過著平凡的上班族生活，同時以德文寫作小說。

在知己好友、也是當時暢銷作家的馬克斯・布羅德協助下，曾在報章雜誌發表一些作品，也出版《變形記》等數本小說，但生前只得到里爾克等極少數作家的肯定，可說是籍籍無名。

訂過三次婚，卻也三度解除婚約，終生未娶、沒有子女。一九一七年三十四歲時咳血，一九二二年辭去勞工災害保險協會的工作。一九二四年六月三日，在四十一歲生日一個月前，因結核病逝世。

遺稿除了三部長篇小說《失蹤者》、《審判》、《城堡》之外，還留下許多短篇及隻字片語、日記和信件等。布羅德費盡心力陸續出版這些作品，在納粹攻打布拉格的前一天，提著塞滿遺稿的皮箱，倉皇出逃。

卡夫卡如今已是舉世聞名，被譽為二十世紀最偉大的小說家。但在今後，他的作品其實更會被廣泛閱讀。

活過，愛過，煩惱過。

——歌德

請當我是一場夢。

——卡夫卡

Soulmate 10

希望歌德 × 絕望卡夫卡的人生論

———光與暗的名言對決，讓我們在絕望中找到救贖，在希望中大步前行

原作 —— 歌德、卡夫卡
日文編譯 —— 頭木弘樹
譯者 —— 緋華璃

責任編輯 —— 郭玢玢
協力編輯 —— 林祐萱、楊詠婷
美術設計 —— 廖韡設計工作室

總編輯 —— 郭玢玢
社長 —— 郭重興
發行人兼出版總監 —— 曾大福
出版 —— 仲間出版／遠足文化事業股份有限公司
發行 —— 遠足文化事業股份有限公司
地址 —— 231 新北市新店區民權路 108-1 號 8 樓
電話 ——（02）2218-1417
傳真 ——（02）8667-2166
客服專線 —— 0800-221-029
電子信箱 —— service@bookrep.com.tw
網站 —— www.bookrep.com.tw
劃撥帳號 —— 19504465 遠足文化事業股份有限公司

印製 —— 通南彩印股份有限公司
法律顧問 —— 華洋法律事務所 蘇文生律師

定價 —— 390 元
初版一刷 —— 2020 年 12 月

國家圖書館出版品預行編目（CIP）資料

希望歌德 × 絕望卡夫卡的人生論：光與暗的名言對決，讓我們在絕望中找到救贖，在希望中大步前行

歌德、卡夫卡原作；頭木弘樹日文編譯；緋華璃譯／-- 初版 . -- 新北市：仲間出版：遠足文化發行，2020.12　面；公分 . --（Soulmate；10）

ISBN 978-986-98920-3-2（平裝）
1. 歌德（Goethe, Johann Wolfgang von, 1749-1832）
2. 卡夫卡（Kafka, Franz, 1883-1924）
3. 格言

192.8　　109015713

拆下卡片，可沿線裁切成4張雙面書籤，自由擷取每一刻你最需要的話語！

眼淚
有其必要

Johann Wolfgang von Goethe

希望歌德

不曾和著眼淚吃下麵包的人，不懂人生真正的滋味。
不曾在床上哭泣到天明的人，不懂人生真正的平靜。

有些人
能讓自己成長

Johann Wolfgang von Goethe

希望歌德

最好也要跟性格不合的人相處。雖然需要自制力才能融洽來往，但經此一役，
內心各層面都會受到刺激，得以成長發展。久而久之，無論何等人物現身眼前，都能與之分庭抗禮。

認真工作，
大膽期待

Johann Wolfgang von Goethe

希望歌德

為工作盡心盡力的人啊，你們大可期待即將得到的收穫。
若真想受幸福女神眷顧，自己也得好好生活，全神貫注、戮力以赴。

希望是
高貴情操

Johann Wolfgang von Goethe

希望歌德

即使命運讓一切盡歸虛無，希望讓我們仍想繼續活著。

Johann Wolfgang von Goethe × Franz Kafka

希望名人ゲーテと絶望名人カフカの対話

將書籤正反面拼合起來，就會呈現封面主視覺圖像！

苦惱與喜悅、罪與無罪，
就像兩隻不願分開而十指緊扣的手。
若硬要分開，就必須連骨頭及血肉都斬斷。

絕望卡夫卡

Franz Kafka

人生
也有喜悅

我跟別人說話的時候，總會感受到他人難以置信的艱難。
人們的視線，他們待在那裡，坐在那裡看著我，
這一切的一切，對我來說都太過強烈了。

絕望卡夫卡

Franz Kafka

有些人
會使自己
軟弱

熱烈討論著如何得到人生必要之物的人，
我大概不會選擇他們那種生活方式。
我詛咒快被領帶勒得窒息的自己，
同情這樣的自己，在霧裡不住張嘴喘氣。

絕望卡夫卡

Franz Kafka

快被
領帶
勒得窒息

我有權利，對自己的狀態無止盡地絕望下去。

絕望卡夫卡

Franz Kafka

絕望是
我的權利